教育理论与教学方法

孙建柱　陈　娇　高　赟　主编

天津出版传媒集团

天津科学技术出版社

图书在版编目（CIP）数据

教育理论与教学方法 / 孙建柱，陈娇，高赟主编. -- 天津：天津科学技术出版社，2020.6
　ISBN 978-7-5576-8230-9

　Ⅰ．①教… Ⅱ．①孙… ②陈… ③高… Ⅲ．①语文课—教学研究—中小学 Ⅳ．①G633.302

中国版本图书馆CIP数据核字(2020)第114524号

教育理论与教学方法
JIAOYU LILUN YU JIAOXUE FANGFA
责任编辑： 陶　雨

出版：	天津出版传媒集团
	天津科学技术出版社

地　址：天津市西康路35号
邮　编：300051
电　话：（022）23332400
网　址：www.tjkjcbs.com.cn
发　行：新华书店经销
印　刷：北京宝莲鸿图科技有限公司

开本 787×1092　1/16　印张 10.75　字数 240 000
2021年4月第1版第1次印刷
定价：68.00元

前　言

　　"教育改革，观念先行。"在教育实践的漫长历史进程中，人们从各自的理想出发，赋予教育所要培养的人以不同的内涵。从柏拉图的"心灵的和谐达到完美的境界"到卢梭的"理想人"，从我国古代的"士"到今天的"三维目标"，无不如此。新理念这场静悄悄的教育革命将彻底改变以往的教学模式，体现"以人为本"的教育思想，它以提高国民素质为宗旨，以培养创新精神和实践能力为重点，强调课程要促进每个学生的身心健康发展。如：对语文课的改革，就是从知识与能力、过程与方法、情感态度与价值观三个方面来设计语文课程标准，在强调语文实践中的熏陶感染作用和价值取向的同时，也特别尊重学生在学习过程中独特的体验。在新的教育理论下，学习方法上更突出学生学习的主动性、独特性、独立性和问题性。

　　基于此，本书提出"什么是教育？"与"教育是什么？"这些在行外人听起来多少有些造作的问题。从教育的构成要素到学生的个体发展，均对教学的概念进行了深入阐述。在提出拙见的同时，希望可以给同行工作者们提供一些切实可行的建议和帮助。

目录

第一章　教育的发展 1
　　第一节　教育的起源 1
　　第二节　现代教育 2

第二章　教育内涵及其构成要素 10
　　第一节　教育的特征与内涵 10
　　第二节　教育的构成要素 14
　　第三节　教育理论与教育实践的关系 16

第三章　教育与社会 21
　　第一节　教育与经济 21
　　第二节　教育与文化 24

第四章　教育与学生个体发展 29
　　第一节　教育的生理基础 29
　　第二节　教育与儿童发展阶段 32
　　第三节　教育与个体差异 38
　　第四节　尊重个体差异 39

第五章　教育中的德育发展研究 42
　　第一节　现代德育与传统德育 42
　　第二节　德育发展的内涵 52
　　第三节　德育发展的特点 54
　　第四节　德育发展的目标与任务 58

第六章　中小学德育教育理论 ... 64
第一节　教育与德育的关系 ... 64
第二节　中小学德育现状 ... 66
第三节　中小学德育教育策略理性思考 ... 69

第七章　教育与教师发展 ... 72
第一节　教师专业基础 ... 72
第二节　教师专业发展 ... 77
第三节　教师专业发展意义 ... 79

第八章　学校课程 ... 82
第一节　课程与课程分类 ... 82
第二节　课程目标与内容 ... 86
第三节　课程实施与评价 ... 89

第九章　教学原理与课堂教学 ... 95
第一节　教学的概念 ... 95
第二节　教学设计 ... 98
第三节　课堂教学的一般过程 ... 106

第十章　班级管理与学生发展 ... 109
第一节　班级管理概述 ... 109
第二节　班级管理实践 ... 111

第十一章　基于网络环境的教学研究 ... 114
第一节　网络环境下的教学理论 ... 114
第二节　微信与微博的利用 ... 120
第三节　网络环境下教学的相关策略 ... 129

第十二章　翻转课堂教学模式 ... 137
第一节　翻转课堂的理论知识 ... 137

第二节 翻转课堂在现代教学中的运用 ………………………………………… 143

第三节 基于翻转课堂模式的教学方法 ………………………………………… 151

参考文献 ……………………………………………………………………………… 160

后　记 ………………………………………………………………………………… 162

第一章　教育的发展

教育作为一种教书育人的过程，可将一种最客观的理解教予他人，而后在自己的生活经验中得出自己所认为的价值观。教育，是一种提高人的综合素质的实践活动。

教育，是教育者按照法律法规和行业规范，根据学校条件和职称，有目的有计划有组织地对受教育者的心智发展进行教化培育，以现有的经验、学识推敲于人，为其解释各种现象、问题或行为，以提高实践能力的活动。其根本是以人的一种相对成熟或理性的思维来认知，让事物得以接近其最根本的存在。人在其中，慢慢地对一种事物由感官触摸上升到认知理解的状态，并形成一种相对完善或理性的自我意识思维……但由于人既有着自我意识的思维，又有着自我的感官维度，所以，任何教育性的意识思维都未必能够绝对正确，因此应该感性式的理解其思维的方向，只要他不偏差事物的内在就好。教育又是一种思维的传授，而人因为其自身的意识形态，又有着另样的思维走势，所以教育当以最客观、最公正的意识思维教化于人。如此，人的思维才不至于过偏，并因思维的丰富而逐渐成熟、理性，由此走向最理性的自我和拥有最正确的思维认知，这就是教育的根本所在。

第一节　教育的起源

现代汉语中"教育"一词的通行与中国教育的现代化联系在一起，反映了中国教育话语由"以学为本"向"以教为本"的现代性转变。

在西方，教育一词源于拉丁文 educate，前缀"e"有"出"的意思，意为"引出"或"导出"，意思就是通过一定的手段，把某种本来潜在于身体和心灵内部的东西引发出来。从词源上说，西方"教育"一词是内发之意，强调教育是一种顺其自然的活动，旨在把自然人所固有的或潜在的素质，自内而外引发出来，以成为现实的发展状态。

关于教育的起源问题，目前比较常见的有四种说法：

第一，神话起源说——最古老的观点。

第二，生物起源说——第一个正式提出的教育起源学说。

代表人物：利托尔诺、沛西·能

观点：教育起源于动物界的生物本能。

评价：它的根本错误在于没有把握人类教育的目的性和社会性，没能区分出人类的教育行为与动物类的养育类行为的差异，因而是错误的。

地位：第一个正式提出的教育起源学说，标志着在教育的起源问题上开始从神话解释转向科学解释。

第三，心理起源说。

1. 代表人物：孟禄

2. 观点：教育起源于日常生活中儿童对成人的无意识模仿。心理起源说批判了"生物起源说"不区分人类教育和动物本能的庸俗观点。

3. 评价：这种观点也是错误的，虽然它将动物排除在外这一点是具有进步意义的，但是它认为的"无意识模仿"仍然是先天的、本能的，不是后天的，因而是错误的。

第四，劳动起源说。

代表人物：米丁斯基、凯洛夫

观点：教育起源于劳动过程中社会生产需要和人的发展需要的辩证统一。

评价：马克思主义者认为劳动起源说是正确的起源学说。

第二节 现代教育

一、现代教育产生

从教育发展的历史沿革来分析，教育分为原始教育、古代教育和现代教育。原始教育具有神化性特点，古代教育具有物化性特点，现代教育具有人性特点。前者表现教育崇拜性，中者突出教育占有性，后者体现教育自主性。现代教育的产生与发展可分为4个阶段：第一阶段是从18世纪到19世纪后期约100年的时间，是与以使用蒸汽机为标志的第一次工业革命在先进资本主义国家的发展相适应的；第二阶段是从19世纪末到20世纪中期的近100年时间，是与以电气化为标志的第二次工业革命在各个先进资本主义国家和苏联的发展相适应的；第三阶段是从20世纪中叶到20世纪后期，是与以使用电子计算机为标志的第三次新技术革命在世界各国的普遍发展相适应的；第四阶段是20世纪后期到现在，与知识经济时代相适应的教育，它是对自然经济、工业经济时代教育的拓展和升华。

知识经济的正式提出源于世界经济合作发展组织1996年年度报告《以知识为基础的经济》。顾名思义，知识经济就是以知识为基础的经济，它表达了人力资本在经济社会发展中的核心作用。知识经济的发展需要知识社会的建设，知识社会是以知识为核心的社会，智力资本将成为一个国家、一个民族、一个地区最核心的资源，受教育的人将成为社会的主流群体。知识社会具有"三化""五性"的特点，即网络化、智能化、信息化和竞争性、公平性、全球性、整合性、创新性。我今天要阐述的有别于20世纪中期以前的传统教育，它是一种与知识经济相适应的现代教育。

二、现代教育的本质

什么是现代教育？我的理解是，以人为本的，以能力为核心的，以公平为基础的，以教真育爱为中枢的，适应当代社会发展需要，引领时代不断进步的教育。那么，现代教育的本质是什么？大家知道，本质是对存在的规定，是事物的根本属性，按黑格尔的话说，"本质是存在的依据"。教育的本质应是教育固有的基本属性，是一切教育中存在的普遍特性。构建人的主体素质，发展人的主体性，完善人的本质，挖掘人的潜质，促进社会的文明进步，是现代教育的本质特征，是现代教育存在的依据。现代教育的核心内容是价值教育、能力教育和制度教育，其中价值教育是灵魂，能力教育是核心，制度教育是保障。发展现代教育是实现教育现代化的必经之路。

三、现代教育的特性

现代教育具有人本化、全民化、国际化和开放性、合作性、创造性等特点。这就要求我们在发展现代教育过程中，必须坚持以人为本的科学发展观，以民生为本、以教师为本、以学生为本，实现好、发展好、保护好人民的教育利益；必须坚持推进全民教育，促进教育公平，人人享有教育的基本权利，提高国民整体素质；必须坚持国际化思维，本土化行动，现代化目标，跨国、跨地区整合教育资源，加强教育合作；必须坚持发展创造性教育，培养创造型人才，提高全民族的创造能力、竞争能力和发展能力；必须坚持教育效益至上原则，加强现代教育管理，努力提高教育的社会效益、经济效益、政治效益、文化效益和生态效益。

四、现代教育的功能

由现代教育的本质特性所表现出来的现代教育功能主要是促进现代经济发展，促进现代政治文明，促进现代文化繁荣，促进现代社会和谐。道理很简单，没有人的发展，就没有经济的发展；没有人的文明，就没有政治的文明；没有人的和谐，就没有社会的和谐。教育就是使人真正成其为"人"。人类最不可思议的是教育，为什么？人类作为宇宙的产物，居然能够理解宇宙；人类作为自然的一部分，居然能够创造出一个有别于自然的世界；人类作为生物圈里的一个物种，居然能够认识任何一种生物。这得益于什么？得益于教育，教育使人类进化，教育使人类发展，教育使人类聪慧，教育使人类崇高，所以最不可思议的是教育，因而最神圣的事业是教育事业。

五、现代教育技术下的课堂教学

现代教育技术下的课堂教学，是指利用多媒体技术与传统的课堂教学相互融合进行教学的形式。现代教育技术作为一种教学方法融入课程中，成为课堂教学的重要组成部分，它是一个通过多媒体计算机、投影仪、幕布、音响等设备综合处理和控制符号、语言、文字、声音、图形、图像、影像等信息，按教学要求，进行有机组合并配合声音演示出来，完成教学的过程。多媒体教学弥补了传统课堂教学的不足。

在信息化建设的今天，将多媒体技术引入课堂教学是现代教育技术的一个重要内容。多媒体教学与传统的课堂教学相比，多媒体教学具有以下特点。

（一）内容生动、直观

综合应用符号、语言、文字、声音、图形、图像、影像等信息来进行教学活动，解决传统教学手段难于解决、甚至无法解决的问题。丰富多彩的教学内容使抽象的知识变得明了易懂，使教学内容生动、直观，从而有效提高教学质量。

（二）激发学习兴趣

多媒体课堂生动、直观的教学内容，有利于开拓学生的思路，培养学生的思维能力，鼓励学生积极思考，诱导学生分析问题，改变传统课堂教学枯燥、单调的教学形式，从而活跃学生的思维，激发学生的学习兴趣。

（三）课堂时间内密度大

通过课件演示，多媒体教学比传统的课堂教学手段更富有表现力和感染力，学生能迅速、高效的获取知识。减少了上课期间书写板书的时间，提高了课堂密度，在有限的课堂时间内大大增加了教学内容，有效地提升了教学效率。

六、现代教育下的网络教学

随着现代教育技术的飞速发展，教学过程已不再局限于课堂上。网络教学作为现代教育技术应用到高校教学之中的具体表现，已经成为重要的教学基本形式。网络教学不仅突破时间、空间的限制，还可以解决师资、设备不足等问题。

网络教学打破了课堂教学这种传统的教学模式，构建了突破时间和空间限制的虚拟课堂。网络教学是课堂教学的延伸，是基于网络环境下，结合计算机技术、多媒体技术以及其他现代教育技术手段进行的崭新的教学形式与教学方法。网络教学使教学资源在互联网上、全球范围内共享。网络教学与传统课堂教学相比，具有以下特点。

（一）覆盖面广

随着网络技术的发展，以及全球化程度的不断加深。互联网已经成为当今世界发展的重要信息基础设施。经过短短十几年的发展，全球互联网已经覆盖五大洲的二百多个国家和地区。

（二）跨越时间和空间

通过网络教学，教师与学生跨越了地域产生的距离，即使师生之间相隔千里、交通不便利、不出家门，也可以完成教授与获取的教学过程。时间上更是无限制的重叠，可以任何时间进行教与学，并且可以反复进行，直到理解并接受相关知识。

（三）信息丰富

互联网为全球网民提供了巨大的信息资源共享。通过使用互联网，全世界范围内的人们可以简单快捷地进行信息检索、交换、共享，所以互联网是一个全球性、世界级规模的图书馆。网络教学可以共享巨大且优良的教学资源，可以不断完善、丰富课堂知识信息，供学生下载学习。通过网络，学习者在学习学科知识的同时，可以借助网络资源了解、学习更多相关知识，通过分析、比较，深入理解所学的知识更益于对新知识的消化和掌握，同时培养了学生收集信息、处理信息的能力。

（四）师生互动

通过网络教学平台，学生可以将学习过程的疑点、难点提出来，同学间可以相互探讨，也可以请老师解答，即使师生不能同时在线，也可以通过网络平台进行延时讨论。通过沟通、交流，既可以增进师生、同学间的情感，也便于老师了解学生对课程知识掌握的情况，发现并改进教学过程中存在的问题，从而提高教学质量。

现代教育技术手段的运用已经成为高校教学水平发展的一个重要表现，现代教育技术作为未来教学手段发展的关键，其应用领域将越来越广、发展前景将会越来越好。诚然，现代教育技术手段确实有它的长处，对提高教学质量，提升教学效果起到了积极促进作用。但是，现代教育技术目前还存在许多不足，作为高校工作者，我们必须坚持不懈地探寻现代教育技术之路，必须紧跟社会的发展，不断地改进教学手段、开拓教学方式、创新教学方法，以适应社会发展的需要。

七、现代教育的挑战

近30年来，我国、我省的教育实现了大发展、大变革、大跨越。我国建成了世界上规模最大的教育体系，义务教育全面普及，职业教育取得重大突破，高等教育进入大众化发展阶段，教育改革向纵深推进，教育公平迈出重大步伐，保障条件逐步完善，探索了一条有中国特色的社会主义教育发展道路，为国家现代化建设做出了不可替代的重要贡献。为经济建设、政治建设、文化建设、社会建设和党的建设提供了有力的人力资源保障和人才支撑。但我们要清醒地看到，教育机构所能提供的教育机会和受教育者对教育的需求之间的矛盾，仍然是我国，特别是我省教育的基本矛盾，这一基本矛盾的运动推动着现代教育的不断发展。我国的教育，特别是我省的教育面临着现代教育发展机遇，但更面临着现代教育发展的挑战。

第一，实施全民教育战略的挑战。1990年3月，由联合国教科文组织、联合国儿童基金会、联合国开发计划署和世界银行共同发起，在泰国召开的"世界全民教育大会"，提出了实施全民教育的号召，核心是满足全民教育的基本要求：保障每一个社会成员享有受教育的权利和机会；实现教育公平，发展终身教育；合理配置教育资源，促进教育均衡发展。中国是一个发展中大国，正在举办着世界上规模最大的教育，与发达国家相比，我国还存在一定的差距，主要表现：一是在公共教育经费投入上，与国际平均水平相比，我国还处于比较低的水平。据联合国教科文组织和世界银行的统计数据，2001年世界127个国家公共教育经费占国内生产总值的比例平均为4.42%，其中高收入国家为5.32%，中上收入国家为5.09%，中下收入国家为4.37%，低收入国家为3.51%。2003年，经济合作与发展组织成员国国家公共教育经费占国内生产总值的比例平均为5.2%，巴西为4.4%，智利为3.5%，俄罗斯为3.7%，而我国2004年财政性教育经费占国内生产总值的比例仅为2.79%。二是在平均受教育年限上，我国国民受教育年限较低。2007年我国人均受教育年限为8.5年，比1999年美国人均12.7年低了近4年，比后发型国家韩国的11.48年低了近3年。三是在入学率上，2006年我国高等教育毛入学率为22%，比2005年美国的80%低了近60个百分点。

同样，我省与发达省份相比，离实现全民教育的目标仍然存在一定的差距。具体表现：一是在人均受教育年限上，从目前可以收集到的可比性数据来看，2000年全国平均为7.56年，云南仅为6.32年，在全国排名第27位；二是在文盲、半文盲人口占总人口的比重上，全国平均为6.72%，而云南是11.39%；三是在每10万人口中平均在校生数上，除小学高于全国平均水平外，其他均低于全国平均水平。

第二，变革教育管理体制的挑战。现代教育管理体制应是有利于整合各种教育要素，使教育积极性、创造性充分发挥的活性体制。但现在我国教育管理体制的弊端所导致的政府对教育机构的管理关系不顺，办学机构内部管理机制不活是不争的事实，政府包揽过多，学校自主有限。建设现代教育管理体制，依法确立政府与办学机构的管理关系，依法确立公办学校和民办学校平等竞争、共同发展的关系，依法确立学校与老师、学生的管理关系等方面都面临着严峻的挑战。

第三，推进教育国际化的挑战。教育国际化的最终目的是培养具有国际意识、国际交往能力、国际竞争能力的人才，这种人才能立足于本土，放眼于世界，积极主动地参与国际竞争。按教育国际化的目的指向来衡量，我们国家、我们省无论是办学理念、办学模式、筹资方式、培养目标，还是专业设置、课程内容、教学方法，与教育国际化的差距还比较大。如在办学理念上，国际的趋势是教育终身化、教育个性化、教育信息化等；在办学模式上，主要有开放办学、合作办学、特色办学等；在筹资方式上，由政府建办，也可以委托民间举办，或采取购买服务的方式，向社会提供多样化、高效、优质的教育服务；在培养目标上，强调能力培养和特长培养。因此，在专业设置、课程内容和教学方法上，国外突出强调应用性、灵活性、个性化和多样化的特征。

第四，创新型人才培养的挑战。现代教育既注重全民性、大众化教育，更注重创新性的精英教育，培养创新型人才。我们国家提出建设创新型国家，我们省也提出建设创新型云南，创新型国家和创新型云南都必须有创新型人才支撑，但我们的教育与创新型人才培养的需要存在很大差距。有研究表明，在未来的20年内，世界经济将要增倍，将会增加10亿个新的技术工作岗位；世界银行也预测，到2030年发展中国家要有超过10亿人成为全球中产阶级。而我国目前的教育水平却难以满足发展的需要。主要表现为：一是我国劳动力人口文化素质较低。2000年，我国劳动力人口80%以上仅具有初中以下文化程度，接受过高中和中等职业教育的人仅占11.95%，接受过高等教育的人仅占3.81%。二是国民素质竞争力低。据瑞士洛桑国际管理发展学院2002年世界竞争力年度报告分析，中国国民素质竞争力处于较低水平，而其中的"金融教育充分性""工程师适应性"和"信息技术技工适应性"三项指标被列为49个国家和地区的倒数第一位。三是我国公众的基本科学素养比例低。2000年我国仅为4%，不仅远远低于欧共体国家平均5%的水平，而且与美国的12%相比差距更大。四是高层次人才紧缺。2000年，我国具有本科和研究生学历的人才比例仅占38%，总人数尚不足1000万人。1990～2000年，我国每百万人口中科学家与工程师人数为459人，仅相当于美国的1/9、日本的1/10、韩国的1/4。五是行业人口学历层次较低，竞争力不强。我国机关与企事业单位负责人中，大专及以上仅占1/3，专业技术人员中该比例仅占40%。2007年云南公有制经济经营管理人才中具有本科以上学历的人数占总人数的比例为29.85%，专业技术人才占27.88%；非公有制经营管理人才中具有本科以上学历的人数占总人数的比例仅为15.29%，专业技术人才占9.49%。这样的状况很难适应新型技术岗位和科学管理岗位对创新型人才的需要。

第五，现代教育价值建设的挑战。现代教育是培养现代人和未来人的社会实践活动，它的终极价值是使人成其为"人"，使人成为有价值的人。但现在教育价值流失和教育品格缺陷的问题已经严重地影响了对社会主义建设者和接班人的培养，学校官场化、学术市场化、学习情场化的现象比较突出；学校教育和社会教育、家庭教育信息不对称的问题比较严重。现代教育的价值建设面临着严峻的挑战。

要抓住机遇，迎接挑战，大力发展现代教育，必须正确处理好5个重要关系：一是正确处理好教育速度、规模、结构、质量的关系。加快扩张教育资源规模，调整优化教育资源结构，全面提高教育质量。二是正确处理好各类教育的关系。统筹基础教育、职业教育、高等教育、继续教育的发展，有效避免顾此失彼、相互制约的问题。三是正确处理好教育公平、竞争、效率的关系。讲究效益才能增添活力，注重公平才能促进和谐，展开竞争才能加快发展。四是正确处理好教育适应、依靠、引领的关系。既适应当代社会发展的需要，又引领时代的不断进步；既坚持党和政府的正确领导，又依靠社会各个方面的力量发展现代教育。五是正确处理好学校教育、家庭教育和社会教育的关系。树立大教育观念，促进学校教育、家庭教育、社会教育相互依靠，相互促进，协调发展。

八、现代教育任务

发展现代教育，要坚持教真育爱的价值取向，坚持能力培养的目标选择，坚持体制创新的信念坚守。努力肩负起九个方面的任务。

第一，构建现代教育体系。要努力构建包括基础教育、职业教育、高等教育、继续教育及教育经费保障机制、教师保障机制和民众享受教育权利保障机制在内的现代教育体系。普及和巩固义务教育，促进义务教育均衡发展，加快普及高中阶段教育，大力发展职业教育，着力提高高等教育的质量，大力发展远程教育和继续教育，切实加强学前教育，关心特殊教育，全面实施素质教育。形成有机循环、健康互动的国民教育体系的终身教育体系，加快我国、我省教育现代化进程。

第二，建设现代教育体制。要坚定不移地推进改革开放，建立与社会主义市场经济体制相适应、同经济社会发展要求相适应的教育体制。要变革教育管理体制，进一步明确党委、政府管办学机构对管办学评估及管办学资金拨付的责任；积极推进教育决策科学化、办学机构人员身份社会化和聘用市场化、办学管理民主化和法制化、收入分配绩效化。要变革办学体制，完善和规范以政府投入为主，多渠道筹措资金的教育投入体制。实施引资办教和引智入校战略，大力发展民办教育，形成公办学校和民办学校共同发展的格局。完善国家和社会资助家庭经济困难学生的制度，建立保障国家和省各项教育惠民政策全面落实的机制。建立全方位、多层次、宽领域的国内外开展教育合作与交流的体制机制，吸引国内外优质教育资源。深化教育行政管理机构改革，建设能力型、服务型、和谐型、清廉型机关，建设教育行政机关管理制度。

第三，建设现代教师队伍。要努力建设具有正确的教育理念、良好的职业形象、多元的知识结构、完善的能力素养、健康的心理素质、求真的创新精神的现代教师队伍。党委、政府要提供教师队伍建设的制度保障和政策支撑，各类学校都要把建设教师队伍作为学校发展的第一要务，各级教育行政管理部门都要给教师队伍建设拓宽渠道做好服务。教师队伍建设要立足本土，面向全国和全球，加强教育人才平台建设，吸引优质教师。

第四，建设现代教育基础设施。教育基础设施建设要坚持以人为本，科学规划，效益至上原则和均衡配置教育资源、促进教育公平的政策；要坚持发展教育信息化、校舍安全工程建设、校点布局结构调整有机统一；要坚持满足教育功能要求、空间和谐要求和立面审美要求相统一，多留遗产，少留遗憾。

第五，加强学校现代管理。要以现代管理理念和现代管理方式大力推进学校的科学管理、民主管理和依法管理。加强学校的基础管理、全程管理和系统管理。确立师生员工在学校管理中的主体地位，建立完善的内部管理机制，发挥社会舆论监督对学校的管理作用。

切实加强学生学风、教师教风和领导者服务作风"三位一体"的校风建设。全面加强学校文化建设,确立学校正确的价值取向、行为导向、精神方向。

第六,建设现代教育价值体系。现代教育价值的具体体现是教真育爱,现代教育价值的终极指向是使人成为有价值的人,使人全面发展,使人幸福生活。所谓教真育爱,就是使受教育者认识真理,追求真理,求取真知,做真人,做真事;使受教育者富有爱心,爱党,爱国家,爱社会,爱自己,爱他人,爱自然,爱知识,爱智慧,爱人生。我们要紧紧围绕建设社会主义核心价值体系的要求,在各级各类学校着力推进生命教育、生存教育和生活教育,努力构建现代教育价值体系,使学生知生理、调心理、懂伦理、学哲理、明事理,树立正确的人生观、世界观、价值观。通过生命教育,使学生认知生命,珍爱生命,敬畏生命,既认知自然生命,更认知和珍爱社会生命和精神生命;通过生存教育,使学生认知生存,提高生存和发展能力;通过生活教育,使学生认知生活,热爱生活,奋斗生活,幸福生活。不但追求个人的人生幸福,更追求家庭、社会、国家、民族乃至人类的幸福。

第七,建设现代教育评价体系。要树立正确的教育评价思想,建设现代教育评价制度,完善教育评价方向,建立实证评价与人民评价相结合的评价方法体系。使政府评估、学校自我评估、社会中介评估、公众参与评估相结合,建立分类分层的教育质量评估和监测机制,使现代教育评价真正起到激励办学积极性和创造性,规范办学行为和提高办学效益的作用。

第八,必须坚持国际化视野、本土化行动、现代化目标;必须牢牢把握培养国际化人才这一核心;必须紧紧抓住教育资源国际共享这一关键;必须千方百计构筑校际交流合作平台。求真务实地做好5个方面的工作:一要创新教育观念和教育机制,解放思想,开阔视野,大胆引进和吸收国际先进的教育理念和教育机制;二是努力推进教育内容国际化,全面加强大学教学,大力加强有关国际教育的专业和学科建设,积极推进以学校为单位的双语教学实验工作;三是大力推进师生互换、学者互访等国际交流,大幅度提高出国留学生和招收外国留学生的数量和质量,努力提高学者互访的数量和层次;四是加强国际学术交流与合作研究,鼓励普通高校、重点普通高中和其他有条件的学校和幼儿园建立境外校际交流关系,积极选派科研人员、管理人员和老师赴境外培训、进修、考察与合作研究;五是积极引进教育人才、教育技术和教育设施等资源,扩大国际共享教育资源。

第九,提高领导现代教育的能力。要加强各级领导干部对现代教育知识的学习,增强现代教育意识,提高领导现代教育的能力。要从实际出发,对发展现代教育进行谋划、策划、规划和计划,求真务实地做好发展现代教育事业的各项工作。

第二章 教育内涵及其构成要素

为了使学生具备时代变化所需要的能力,学校教育必须主动变革,以适应社会发展对教育的要求。21世纪是一个信息化、全球化的知识时代,社会的深刻变化以惊人的速度改变着人们的学习、工作、交往和生活方式,并对人们的生存与发展能力提出严峻的挑战。当今企业要求员工不断适应变化,不断涌现的新技术不仅改变了传统的劳动性质,而且使得人们在日常生活中也必须具备相应的新技能。同时,世界全球化的进程日益加快,生意伙伴和竞争对手可能会在世界任何地方出现。

很明显,学生所生活的世界发生了巨大的变化,这些变化对学生应具备的知识和技能提出了新要求。为了使学生具备时代变化所需要的能力,学校教育必须主动变革,以适应社会发展对教育的要求。

那么,学校教育如何来设计和实施适应21世纪的变革呢?今天,学校教育必须自觉地以21世纪的变化作为改革的参照系。首先,应当明确认识学校教育变革的三个基本前提。其一,社会的变化对劳动者的就业素质提出了新要求。其二,应当促使教育与学生的生活相联系。因为信息技术的影响已渗透到日常生活的方方面面,当今的学生已融入到21世纪的社交活动和生活方式中。在这个复杂的数字化社会中,教育应从学生的学习出发,有效地为他们的未来做准备,必须缩小学生现实生活和在校学习之间的差距,架起学生生活与学习的桥梁。其三,应当促使教育思考人们是如何学习的,按照学习科学研究的最新成果设计教学,如学生总是带着已有的经验进入课堂的;为了发展探究能力,学生必须具有深厚的知识基础;掌握元认知能力等等。

第一节 教育的特征与内涵

一、教育的特征

现代社会的形成与发展,促使现代教育的产生与发展。现代教育发展很快,在社会现代化方面显示出极重要的作用。

现代教育是与现代社会相适应并为之服务的教育思想、教育制度、管理体系、教育内容、教育方法、教育形式的总和。它是从古代教育发展来的,与古代教育有某些共同特征,例如阶级性等。但现代教育是在现代社会条件下为顺应时代发展的需要而形成发展的，具有区别于古代教育的特征；同时由于现代社会存在社会主义和资本主义的差别，因而也形成了两种不同性质的现代教育。

现代教育是在商品经济占主导地位、现代科技高度发展、高度的社会化大生产条件下产生发展的，因而形成了一些基本特征。

（一）商品性

现代教育是在商品经济发展并日益普遍化条件下产生、发展起来的，与商品经济有一定联系，在我国社会主义初级阶段，教育应主动适应市场经济体制。但教育不能商品化，教育本身不是商品。但是说到教育的商品性，我们可以从以下几个方面进行论述。

1. 教育是没有回头客的

就像你的孩子读过一次初中还会再读一次吗？所以你去任何一所学校读书都是非重复消费。空调买了个不好的品牌也就损失万八千块钱，下次买质量好的。但是如果选错了学校毫不夸张地说可以毁掉一个孩子的一生。并且你从来没听那些读过初中的孩子评价自己学校的好坏吧。因为他只读过自己这一个初中，他没法儿评价，没有对比怎么评价？你买了两个不同品牌的空调你才能对这两个品牌的优劣做出评价。在孩子小学、初中、高中这个三个阶段，你一个阶段都错不起，任何一个阶段选错了学校都有可能对孩子的一生造成不可修复的影响。也正因为教育没有回头客所以教育不存在口碑。口碑应该是用过之人口口相传，而不是人云亦云或者以讹传讹。你听到的关于学校的评价只有学校自身的广告和来自竞争对手的诽谤这两种来源。

2. 教育服务的对象是未成年人

客观地说，未成年人在思维方式和见识上还是有很大的局限性。比方说一个学生感受到学校的不足，事实上这个学校也确实不好，他想不出有什么方法可以帮到自己，他甚至想不出"转校"这么简单的一条路。尤其是当孩子在学校受到同学的欺负或者老师以及环境的歧视时会有很大的心理压力，思想会处于一个懵的状态，更是不知道怎么办。

3. 教育的服务对象不是购买者

也就是说消费者不是直接的服务对象，也就无法直接的感受服务质量。你买一个空调，你是消费者，也是体验者，能很直观的感受这个空调的质量水平。但是教育不一样，有些家长对孩子在学校是什么状态一无所知。尤其是私立学校基本都采取封闭式管理，家长就更难了解孩子在学校的状态了。

基于以上四个特点，我认为要想让教育像企业一样通过公平竞争到达优胜劣汰的目的是行不通的。很多人认为分层教学有一定的科学性，可以做到所谓的因材施教，让基础差的学生跟得上，让基础好的学生吃得饱。但是分层教学是弊大于利的，这里不做过多的赘述。

（二）生产性

古代学校主要职能在政治方面，从事传统的手工工具生产，不需要经过学校教育。现代生产建立在现代科学技术基础上，要使科学技术转化为现实生产力，必须通过教育才能实现。现代生产和现代科技都要求教育与生产劳动结合，在高校则要求教学、科研、生产一体化。

教育的生产性是指，教育能提供服务和生产劳动能力，创造巨大的经济效益，促进生产力的发展。它包括教育劳动的生产性、教育投资的生产性和教育的生产力属性三个方面。

教育劳动的生产性：是指教育劳动能提供满足人们文化需要的服务，并生产出劳动力。

教育投资生产性：是指投入到教育领域中，用于培养劳动力的人力、物力、财力的总和。教育投资的生产性是指教育投资像物质投资一样，能增加社会产品总量，创造经济效益。

教育的生产力属性：是指生产力是使人类征服自然，改造自然的活动得以进行的力量，它包括物质要素和精神要素。物质要素由劳动者、劳动资料和劳动对象三个基本要素构成；精神要素包括渗透性要素（科学技术）、协调性要素（管理）、准备性要素（教育）等。教育的生产力属性是指教育作为生产力的准备性要素，能通过培养劳动者，促进科技进步，促使管理科学化，最终促进生产力的飞速发展。

（三）科学性

现代科学技术向社会有机体全面渗透，不仅生产劳动科学化，日常生活也日益科学化，因而学校教育内容以科学技术教育为最主要方面。当代重视STS教育，即把科学、技术、社会三者看作一个整体，研究其相互关系，并引入学校教育。强国必先强教。教育是民族振兴和社会进步的基石，事关国家和民族的未来。当今世界，综合国力竞争说到底是人才竞争，教育的基础性、先导性、全局性地位和作用也因此更加凸显。改革开放以来，教育为我国经济社会发展培养了大批急需人才，为我国经济腾飞做出了突出贡献，这与我国通过科学的教育决策推动教育现代化的决策密不可分。

1. 教育决策要着眼全局、通盘规划

到2020年教育基本实现现代化，不是某个教育阶段的现代化，也不是某个地区教育的现代化，而是整个教育体系的现代化、全国范围教育的现代化。从整个教育体系的现代化来说，教育现代化包括小学、初中、高中、职业教育和高等教育中的本科教育、研究生教育等的现代化；从全国范围的教育现代化来说，教育现代化尤其要注重教育发展的均衡性，避免各个地区教育发展差距越来越大。目前，在我国整个教育体系中，高等教育的现代化程度较高，而职业教育、高中、初中、小学教育现代化程度相对较低。从全国范围看，经济较为发达的东部地区教育现代化水平较高，而经济欠发达的中西部地区教育现代化水平较低。同时，城乡之间教育发展水平也存在较大差距。因此，我们的教育决策要建立在对我国整个教育体系的准确把握之上，建立在对我国不同地区教育发展现状的正确认识之上，着眼全局、通盘规划。如果教育决策只是推动了某个阶段或者某些地区教育的现代化，就难以真正完成到2020年教育现代化基本实现这一目标。

2. 教育决策要立足实际，具有可操作性

教育现代化的决策一定要立足我国实际、符合我国国情，具有可操作性。不立足实际的教育决策就是空绘蓝图，就会流于不切实际的幻想。当前，从我国实际看，小学、初中作为义务教育阶段面临的主要问题是如何均衡发展，高中教育面临的主要问题是如何基本普及，职业教育面临的主要问题是如何加快发展，高等教育面临的主要问题是如何内涵式发展。教育决策要从基本国情出发，从经济社会发展的实际需要出发，看是否能够实施、实施效果会怎样，而不能照抄照搬国外的一些教育理论，更不能简单地以国外教育发展的个别经验来指导我国教育现代化。教育决策具有可操作性，这便要求根据不同地区经济社会发展水平合理安排教育现代化进程。比如，当前为了推进教育现代化，在教学中采用信息技术成为一种有效手段，但不同地区经济社会发展水平不同，在这方面不能简单采取"一刀切"的方法。

3. 教育决策要注重反馈与改进

决策做出之后并不是万事大吉了，还必须看看决策在执行中遇到什么问题、有什么反馈、需要进行哪些改进。只有经历这样一个反馈、改进的过程，决策才能更加科学合理。尤其是教育改革，涉及千家万户，寄托着人民群众对美好生活的向往，一项教育决策出台后往往会引起各个方面的高度关注。因此，在教育决策付诸实施后，有关部门要认真听取各个方面的意见，及时对决策执行过程中出现的问题进行总结，对于的确是因为决策不合理而引发的问题要认真进行改进。在这方面，教育决策部门尤其要坚持实事求是原则，尊重教育发展客观规律和人民群众意愿，通过反馈和改进不断提高教育决策的科学性。

（四）发展性

现代教育更注重智力发展，重视人的各方面的潜能，包括右脑潜能的开发，重视人的个性发展。

教育从古代发展到现代，无论中外，形式与内容都发生了很大变化。孔孟之道到现在肯定是非主流文化，但它是中国文化（中华文化）的最重要组成部分，是形成中华民族性格的基石。这种内在文化的流传就是通过教育来继承的。

第一点（教育发展）继承性在于内容的一致性。这种一致性是精华的一致性，并不是原汁原味照搬硬套。

第二点继承性在于教育形式的连续性。这个形式有两个含义：一是指纯外在教育形式，如口耳相传、采用课堂形式等；另一种是指教育都是从小孩教起，注重年少教育，发展到现在，当然也提倡终身教育，但主要教育的阶段没变。

第三点是教育本身的理论存在一贯性。这讲的教育理论如孔子的"因材施教""有教无类"等思想现在还是非常正确的，闪着教育理性耀眼的光芒。到现在提倡的多元化教育其实与孔子的教育理念实无二样。

第二节　教育的构成要素

学校教育必须围绕"21世纪教育的六个要素"来设计和实施教育教学改革：强调核心科目的学习、强调21世纪学习技能、运用21世纪的工具发展学习技能、融入21世纪情境的教学、21世纪的教学内容和利用21世纪的评价手段测量21世纪技能。

一、核心科目的学习

核心科目的学习能帮助学生参与建构知识、获得知识的过程。核心科目主要包括英语语言艺术、数学、综合理科和社会。

二、21世纪学习技能

21世纪学习技能主要包括信息与交流技能、思考与解决问题技能、人际交往与自我导向技能。

1. 信息与交流技能

能以各种方式和媒介分析、存取、处理、综合、评估、创建信息，正确认识和理解大众媒介的作用；能在各种情境中理解、管理和创造有效的口头、书面与多媒体交流方式。

2. 思考与解决问题的技能

能在理解的基础上进行合理推理、决策制定，理解系统中各部分之间的关联，具有提出、分析和解决问题的能力，能提出、实施和交流新的思想，理解并接纳别人的不同意见。

3. 人际交往与自我导向技能

具有协调能力和领导能力，适应不同的角色和责任，能有效地与人合作，有移情能力，尊重不同观点，能监控自我的理解程度和学习需要，利用适当的资源，善于迁移所学的知识和技能，在家庭、工作场所和社区中能履行个人的义务，能随机应变，能设定和满足更高的标准和目标，有一定的容忍力，能从更大集体的利益出发承担自己的责任，在个人、工作场所和社区环境中表现出符合道德的行为。

三、运用21世纪工具发展学习技能

学校教育要培养学生善于运用21世纪的信息通信技术工具来发展21世纪学习技能，亦即培养学生的信息与通信技术素养。

1. 发展信息与交流技能

善于运用通信、信息加工与研究工具（如电子邮件、文字处理软件、群件、呈现工具、网页设计、网络搜索工具），以获取、处理、综合、评估、创建和交流信息。

2. 发展思考与问题解决技能

善于运用问题解决工具（如电子报表、决策支持和设计工具）等，以应对复杂的环境，解决问题，进行批判性、创造性与系统性思考。

3. 发展人际交往与自我导向技能

善于运用个人技能与效能工具（e-learning，时间管理，合作工具），以提高学习、工作效能和促进个人发展。

四、融入 21 世纪情境的教学

教育必须创设良好的学习环境，加强与学生生活世界的联系，在学生的生活和学习之间架起桥梁。为此，教师可以通过如下方式为学生创设 21 世纪的教学情境：（1）使学习内容和学生的生活相联系；（2）把现实带进课堂；（3）把学生带出课堂；（4）提供机会使学生与学生之间、学生与教师之间、学生与其他有丰富实际学习经验的成人之间互相影响、互相作用。

教师可以从学生的生活、社交活动以及现代工作场所中获得启示或应用范例，以建构新的教学内容：可以请校外的专家来拓展课堂学习；可以把社区当成学生学习的实验室。尤其重要的是，今天，信息技术为学生进入生活世界或使生活世界进入课堂提供了可能，信息技术还改变了师生的交往方式，改变了学习方式，促使学生在学习深度上不断探索，并且学会对学习负责。

把课堂学习与生活世界联系起来，把现实和未来联系起来，有助于提高学生学习的参与性、激发学习兴趣和改变学习态度。实证研究表明，这种情境学习对学生产生了积极的效果，包括提高学生的学业成就、降低流失生比例、提高出勤率和更好地为上大学做准备。

五、21 世纪的教学内容

（一）全球意识

运用 21 世纪技能去理解和处理全球问题，与不同文化、信仰、生活方式的个体共同学习、协同工作、相互尊重，在个人、工作和社区情境下开展对话，推动非英语语言的学习，将其作为理解其他民族与文化的一种工具。

（二）经济素养

知道如何做出适当的个人经济决策，理解经济和商业的作用，在组织环境中运用21

世纪的技能发挥个人作用，融入国家的经济发展和商业环境中去，并与之相适应。

（三）公民素养

积极参与政治生活，行使公民的权利和义务，理解公民决策的区域意义和全球意义，运用 21 世纪的技能，做出一个公民的合理决策。

六、利用 21 世纪的评价手段测量 21 世纪技能

评价在教学中的地位始终是重要的，它直接关系到学习成果的考核并影响到学生的学习兴趣和动力。21 世纪的教育必须重视相应的评价理念、手段和方法。

第一，21 世纪的教学评价更重视核心科目的学习效果和 21 世纪技能掌握的评价，更注重学生学习过程的评价。

第二，标准化测验必须与课堂评估相结合，及时、充分考核学生的技能。应当注意的是，标准化测验本身需要进一步改进，因为它仅可以测量学生学习的部分信息，而且，单一的标准化测验不能提供即时的诊断信息，而这些信息正是教师、家长和学生所需要的。

第三，课堂评估必须和教学过程相结合，及时提供反馈，以提高学习效率，并帮助学生学习核心科目和 21 世纪技能。有效的课堂评估应能反映学生对课堂所学内容的掌握程度，提供师生增进教学效果和学习质量的信息；能很好地反映师生的教与学的过程，向师生提供及时的反馈，将课堂的教与学结合起来。比如，运用真实生活情景、日常问题、问题求解以及合理运用信息技术的评价等，通过编制一些评价量规来具体明确成功的标准，并在评价之前让学生明确这些标准。

第四，要重视解决学生"如何学习"和"如何被测验"之间的矛盾，使之具有内在的一致性，这个问题与解决学生"如何生活"和"如何学习"之间的矛盾一样重要。

第五，恰当运用信息技术可以帮助我们解决今天评价中的一些问题并提高评价效果。技术能为学校创设更广泛、更灵活的评估方式，能为学生的进步提供精确和适时的测量方法。

第三节 教育理论与教育实践的关系

以往对教育理论与实践的探索，多从理论研究者与实践者的差异展开，这样的研究思路有助于克服教育理论工作者与教育实践者之间的矛盾，但难以为教育理论与实践的具体结合提供富有针对性的启示。因此，本文从教育理论的可实践性入手，探究教育理论与实践结合的中介，结合的层次对应性，其结合的内外机制，就成了教育理论与实践结合研究取得突破的关键。

教育理论教育实践关系结合教育理论与实践是教育研究的重要领域，长期以来，他们几乎都是矛盾的对立的。教育实践领域抱怨理论家们只懂得做学问，缺乏对实践界的关注，

发表的理论并无法指导帮助解决实际问题；而教育理论家们也经常指责实践领域忽视了基础理论。实际上，实践中许多被声称长期未能解决的问题都早已在教育基础理论阶段被解决。教育理论领域和实践领域的深刻隔阂，促使我们去思考有关教育理论和实践的关系究竟该如何继续，到底怎么做才能促使两者的有机有效结合。

一、何为教育理论与教育实践

所谓理论是一个系统理性的认识，能够说明问题，并具有指导实践和预测功能。在社会实践基础上产生，并能够通过社会实践认证的理论才能够被认为是科学的、客观事物的本质、规律性正确的反映。教育理论就是通过一系列的教育理念、教育判断或命题，凭借某种形式的推理对教育中存在的问题进行陈述。

实践是主观见之于客观的活动，是人们以认识为基础的改造客观世界的有目的有意识的活动。教育实践则是人们以一定的教育观念为基础展开的，以人的培养为核心的各种行为和活动方式，是实践的一种。

二、教育理论与教育实践的断裂

教育实践和教育理论间理想的逻辑关系终归不是现实的逻辑关系。在改革的新课程和素质教育深入促进的现实生活中，教育实践和教育理论之间产生了深深的裂痕。教育实践与教育理论没有达到一致的最主要原因是教育理论和教育实践之间指导的缺空，为此便产生了教育实践需要怎样的教育理论引导的广泛研究。虽然造成这个话题的原因是有很多的方面，但从问题的本身上来看，其最重要的是在于各个教育单位都从不同的角度上看待这一问题，对这个问题缺乏必要的了解和有效的互相沟通与共同研究。

从教育理论主体的方面来看，它与教育实践的分歧通常是因为它总有一种高不可攀、天生的卓越感和使命感。其主要问题表现在这两个方面：一方面自我感觉良好，偏颇地认为教育实践的缺失是因为没有真正的领会教育理论知识，因此，要求其不断地提升理论知识，用理论上的知识去引导实践上的不足，也希望通过理论的指导让教育实践有教育理论的行为，乃至想法和行为习惯，来实现本身的教育理想；而另一方面却在舒适的办公室里纸上谈兵，自己陶醉在理论中，缺乏对教育实践主体有可能遇到的困难和在现实生活中真正的需要的了解，缺乏对发展着的整体教育实践的信心，在这种情况下所想出来的教育理论即使再符合理论上的逻辑，也只能是凌驾于现实之上的"无用理论"。当然，教育理论主体的研究方式、研究能力、研究态度以及学术品质等综合素质也会加深教育理论和教育实践的矛盾裂痕。

三、教育理论与实践结合的条件

（一）教育理论的可实践性

整个教育理论系统中，教育理论在指导教育实践的同时要确保其本身的可实践操作性。毕竟是只有具备实践、可操作性的理论才能够通过层层检验，从而跟随时代、实践以及科学的脚步不断提高并发展。通常某些科学逻辑体系中演绎或从其他学科中借鉴、翻译的教育理论，都缺少与教育实践结合的经验以及缺少同教育背景、情景联系等因素，并不能直接作用于教育实践。教育理论必须要具有实践性，也就是经历从实践中来到实践中去的发展过程。只有这样以客观事实为依据创生的教育理论，才能够指导当前教育实践。

林砺儒在《教育哲学》中讲到教育的本质时，从人类社会实践的活动发展过程中来思考，他认为人类社会之所以在不断发展，是因为人能够把促进社会发展的条件通过实践变为现实。人在进行教育活动时也是如此。教育活动作为人类的实践活动之一，把人类的一种思想活动变为一种现实的实践活动，其中人类的实践活动是必不可少的。从这一点也可以说明教育本身的实践性。

实践活动是人类在社会劳动过程中直接发展出来的，是人类在社会生活上不可缺少的。通过人与人、人与自然的相互作用，人便有了意识与观念，形成思维，且能动地与环境相联系，形成抽象的思维，而从思维领域到实践领域，是在人与外部环境的相互作用发展过程中产生的，从抽象思维在环境中的再显现，再到现实情境中去改造环境，以适应自己的目的，这都是人类自身潜力由于社会的实践所主导的可能性转化为现实性的运动成果。这种运动是人类社会的实践活动。从人类的发展来看教育的本质，教育是人类的社会的实践的学习活动。人类利用自己的实践劳动改变环境，在改变着自己的同时也发展着自己。

在林砺儒看来，从实践出发，教育活动应回归社会历史领域，而"全部社会生活在本质上是实践的"。教育也属于社会实践的一种，实践性乃是对其存在方式的最高层次的理论确证。从实践出发，就是把教育活动当成一种社会实践过程来看：首先，教育是人有目的、有计划、有组织的一种社会活动，他有自己独特的运转和发展规律，在现代社会中具有不可替代的地位和作用；教育实践同其他社会实践一样，具有历史性、具体性、直接现实性等特征。从实践出发，就避免了传统的机械论的观点或是从抽象的概念去理解教育活动，探讨教育的实践性是从更高层次上对教育活动本身的合理定位。

（二）教育理论与实践结合的中介

这是教育理论与实践结合中间的产物及中层教育理论。作为二者的桥梁，它不仅要有扎实的理论基础，能完整、准确地解读抽象的理论，而且要与实践密切相关，通过丰富的教育实践经验，为当前教育状态把脉。

当教育理论中蕴含着丰富的教育实践，在教育实践中同样也能够承载着教育理论，两者才能实现完美的对接,这需要教育理论的主题、教育实践的主题和教育科研机构共同努力。

从教育理论与研究对象的划分上,可区分为"事实——规律""评价——规范""规范——行动"和"事实——解释"等层次。就教育实践而言,可分为国家和省区教育行政——市县校行政——师生群体三个层级。尽管个别层次教育实践群体可以同时与多个理论层次结合;同一层次教育理论,也可能为不同实践层次者所用。但不得不承认,由于不同层次实践群体的需要层级和对理论的解读能力不同,制约了其在选择与之结合的教育理论层次上具有较大的偏好和主流特征。这就要求教育理论与实践的结合必须满足"门当户对"的层次对应条件,才能实现"幸福"的联姻,产生"耦合"效应。根据二者的层次特征,笔者拟从两个层面考察其结合方式。首先是宏观层面的结合,即"事实——规律""评价——规范"教育理论与国家和省级教育行政实践的结合,其多以教育政策的制定和实施方式体现出来。为了有效实现宏观层次的结合,在政策研制过程中需要邀请各类教育专家参与,以便吸纳广大教育研究人员的最新理论成果。其次是中观层次的结合,即"评价——规范""规范——行动"层面教育理论与市县校教育行政实践的结合。在当前条件下,市县教育行政部门主要通过学习相关"评价——规范"理论,结合上级政策和法规精神制订考评方案;根据"规范——行动"理论制定相应的实施细则,实现该层次教育理论与实践的具体结合。

(三)教育理论与实践结合的内在机制

教育理论与实践的结合不是外在的强求,而是内在的统一。这种内在统一性,一方面通过教育实践,个体内化教育理论的心理机制得以深化;另一方面,则通过教育理论与实践群体结合的心理机制实现面上推广。

1. 教育理论与实践结合的个体心理机制

教育理论与实践结合的最终落脚点是通过个体应用教育理论解决实际问题来实现的。教育理论影响教育实践的第一步是实践者学习、内化教育理论的演绎生成过程,其认识是沿着原理论——概念论——感性论的路径进行的。实践者通过这一步形成能切实解决问题的综合性内化理论,实现教育理论与教育问题解决者内在实践经验的结合。第二步,实践个体应用已经内化了的教育理论指导具体实践活动,并从中积累经验,发现实践中面临的新问题,在解决新问题的过程中创造新理论。实践者通过这两步,完成从内化他人理论到自我理论的生成过程,在个体认知上达到教育理论与实践的内在统一。仅此还不足以促成实践者付诸行动,还必须通过情感的动力作用促使其自觉地实践教育理论。这就要求教育理论实践者要注意首战必胜,让自己一开始就尝到甜头,形成积极的实践教育理论的心态。践行教育理论的长周期性决定了实践者必须经历持之以恒地实践,才有可能取得显著成效。因此,践行教育理论中,实践者必须有战胜困难的意志,否则就会半途而废。只有实践者把内化了的教育理论转化成特定环境中的实践情感和意志力,他(她)才能持续地将教育理论转化为实践活动,才能实现二者全程和全面地结合,并最终形成预期的实践效果。

2. 教育理论与实践群体结合的心理机制

教育实践群体是以一定社会阶层或集团的方式存在并开展活动的，因此教育理论是否符合实践群体文化心理就非常重要，它直接制约着实践群体对教育理论的选择，影响着其对教育理论理解的深度和应用的广度。为此，我们需要建立起教育理论与实践群体传统文化融合的心理机制。一是根据实践群体对教育理论解读的民族性，创造易于为本民族理解的语言表达方式；二是引导实践群体形成自觉学习、内化教育理论的职业道德。在相关政策和舆论宣传影响下，促使实践群体逐步把学习、理解、研究教育理论内化为自己的职业道德，形成违反教育理论将从内心感到有违教师职业的不安感；三是理论研究群体应从心态和情感方面与实践主体群产生内在融洽感。要善于根据教育实践群体需要，自觉地变革教育理论，形成分解与重构抽象教育理论的习惯。通过分解细化，把实践群体难于理解的教育理论体系逐级转化为便于操作的教育理论。

3. 教育理论与实践结合的外在机制

教育理论与实践均有很强的价值性，其中必然暗含利益和情意倾向。教育理论在走向实践过程中，实践主体群必将从自身利益立场对其进行选择。只有那些给实践群体带来实际利益的教育理论，才能被他们积极选择并乐意践行之。

由于理论研究群体与实践群体生存环境和利益立场的差异，要让教育理论的建构者更多地理解实践群体的利益，必要时可建立二者密切结合的利益捆绑机制。一是形成教育理论研究者乐于参与实践，教育实践群体积极追求理论学习的制度；二是形成激励教育理论研究者与实践群体代表共同制订教育政策，共同参与重大教育课题攻关的机制。以此创造更多机会让实践群体发表对教育理论的意见，促使教育理论研究者积极吸收其改进建议，借助二者密切合作的方式创新教育理论。注意将实践群体的阶段获益与最终获益结合起来，形成逐级获益的机制，以确保教育理论与实践结合的持续发展性。

总之，只有借助外在的利益激励机制，将理论研究群体与实践群体的内在动力充分激发出来，促使理论群体向实践深入，反思抽象理论实践化的思路；引导实践群体不断强化理论学习，反思自我经验普适化、理论化的加工方法，以此促成二者围绕重大教育问题的解决，协作建构"抽象理论——中层理论——实践机制"纵向贯通的教育理论体系。用这样的教育理论体系来指导教育实践，再配之以践行教育理论的情感和意志，才能实现教育理论与实践的紧密结合。

第三章　教育与社会

　　所谓的教育在"东方"文化中，是由"教"和"育"结合而成，即教书育人；而在"西方"文化中"教育"它起源于拉丁文 Educare，即被理解为采用一定手段，把某种本来潜藏于人身上的东西引导出来，从一种潜质变为现实。由此可见，教育与社会的关系是相辅相成的，它促进了社会经济的发展，提高了人民的文化生活水平。教育伴随人类生产而生产，伴随人类发展而发展，将永远存在于社会之中。因而教育与社会的关系是密不可分，相互依赖的。教育对社会发展的作用体现在教育的社会功能上，教育一方面受到社会发展制约，另一方面表现出对社会的作用，教育主要通过育人功能而实现社会功能，功能主要是推动社会变迁与促进社会流动。通过政治、经济、文化等多方面因素来协调教育与社会的共同发展，教育的发展还主要体现在个体的流动功能上。因此，要树立"以人为本"的教育观，把教育摆在优先发展的战略地位，实现科教兴国的重大战略方针，促进社会和谐发展。

第一节　教育与经济

　　我国是一个人口大国，依靠劳动密集型产业促进经济发展一直是经济增长的主要动力。改革开放以来，我国经济发展始终能够保持高速增长，亦是得益于数量庞大的廉价劳动力。随着经济持续增长，国民生活水平逐步提高，人均收入达到了世界中等水平，但由于人口红利逐渐枯竭，资源成本上涨，以及外贸增长紧缩，产业和企业的发展遭遇瓶颈，经济发展方式面临转型，致使我国面临"中等收入陷阱"危机，改革进入深水区，城乡经济发展迈入"刘易斯拐点"第一个转折点的关键期，导致经济发展呈现疲软态势。

　　21 世纪是知识经济时代，人力资本成为一国经济发展的根本，教育是人力资本积累的源泉，国家要想发展就必须加强教育的发展。长期以来，我国对基础教育和高等教育的发展十分重视，但对职业教育的发展重视有所不足。尽管，近年来国家大力提倡发展职业教育，但其效果仍不明显。人力资本是经济发展的关键，特别是职业教育培养的高素质技能型人才，对于我国经济转型和产业升级有着至关重要的作用。

一、教育对经济增长贡献的实证分析

　　经济增长是国民经济各方面因素共同推动的结果，在现实生活中，人们对影响经济的

各方面因素都做了比较详细的探讨，建立了如柯布—道格拉斯生产函数，研究的就是关于技术、资金和劳动力对经济增长影响的模型，以及 20 世纪 40 年代末由英国牛津大学的哈罗德和美国麻省理工学院的多马提出的关于测定储蓄、投资与国民经济增长速度的关系模型——哈罗德—多马模型。由于现阶段对教育投资与经济增长关系的测定还没有现成可用的计算模型，我们借用哈罗德—多马模型 $G=S/KI$（G 为经济增长率，S 为储蓄率，KI 为加速系数），用教育投资率（$EDi=ED/Yt-1$）替换储蓄率，对哈罗德-多马模型进行上述替换，$Ged=EDi/KI=(ED/Yt-1)/[It-1/(Yt-Yt-1)]=G(ED/It-1)$。上述公式中，$Ged$ 表示教育投资实现的经济增长率；Yt，$Yt-1$ 分别为 t 年，$t-1$ 年 GDP；$It-1$ 为 $t-1$ 年的全社会固定资产投资；ED 为当年教育投资总额。

从 2009 统计年鉴数据中可以看出，我国教育投资对经济增长的贡献率均在 5% 以下。

相比之下，我们国家不足 5% 的贡献份额明显偏低，尤其是在知识经济时代，经济发展的支撑重点转移于人力资源，许多经济学家称"开发人力资源，增加人力资本投资"是促进社会、科技、经济全面发展的第一原动力。

二、教育与经济之间的辩证关系

人力资本学说认为，人力资源是一切资源中最主要的资源，经济的快速增长并非完全是由于物质资本的投入，人力资本的投入也发挥着相当重要的作用。教育是形成人力资本的最主要途径，教育投资与经济增长之间存在着正相关的关系，教育对经济的促进作用已经越来越明显。

（一）人口红利优势的发挥取决于教育的发展

一国人口生育率迅速降低，少儿抚养比例迅速下降，导致劳动年龄人口比例上升，在老年人口比例达到较高水平之前，将形成一个劳动力资源相对丰富、抚养负担轻、于经济发展十分有利的"黄金时期"，人口经济学家称之为"人口红利"。人口红利为一个国家的经济发展创造了有利的人口条件，社会上存在着大量的劳动力资源，且整个社会所需承受的抚养负担较轻，整个国家的经济成高储蓄、高投资和高增长的形势。我国正处于劳动年龄人口最丰富的时期，如果能充分利用人口红利对经济发展所带来的巨大的推动作用，我国的经济发展将会有一个质的飞跃。但是，我们应当看到，我国劳动力素质普遍偏低制约着人口红利的实现程度。中国人口红利优势发挥程度的多少取决于对农村劳动力资源的充分利用与否，农村地区有丰富的劳动力资源，中国收获人口红利的程度应取决于农村剩余劳动力资源转化为现实劳动生产力的实现程度。但我国农村劳动力素质普遍偏低，劳动力资源转化为现实劳动生产力的实现程度不高。中国拥有全世界最丰富的劳动力资源，大量农村人口闲置，只要合理利用，就能解决"人口红利"后所带来的劳动力不足和老龄化问题。因此，只有大力发展教育，提高劳动力素质，中国才能更好地兑现人口红利。

（二）教育对经济发展的作用

人口红利是一国人口结构发展变化中所经历的一个阶段，并不会一直存在。当一个国家老年人口所占比例上升，劳动年龄人口比例下降，将面临劳动力资源的瓶颈，产生人口负债的效应。因此，仅仅依靠人口红利带动经济的增长并不是可持续性的，而是要通过大力发展教育事业，提高人口素质，把人口数量的优势转化为人口质量上的优势，才能真正实现经济的可持续发展。

（三）教育与经济发展的辩证关系

1. 教育促进人力资本的优化

经济的发展依靠科技的进步和创新，对人的素质要求也越来越高，必须增加人力资本投资。教育的发展既能提高人力资本水平，又能增加全社会人力资本存量。教育使劳动者的技能和知识水平都得到了相应的提高，从而能够提高工作的效率，单位时间内能够创造更多的价值，个人的收入也会增加，进而导致消费需求的增加和消费市场的扩大，从而刺激投资和生产，促进经济的增长。

2. 教育提高劳动者生产效率与技能

教育可以改善劳动者的精神素质，提高劳动者生产效率和生产技能，开阔视野、提高创新意识、增强责任心。劳动者受教育程度越高，越容易掌握和吸收新技术，适应新的生产方式，能够加速推进产业结构由人口密集型向资本密集型，最终向技术密集型演变。

3. 教育为经济发展提供动力

中国人口众多，但人均受教育年限较低，义务教育年限较短，高等教育普及率不高，高学历层次人才和专业技术人才匮乏，这就造成了人口综合文化素质偏低，严重影响了中国人口数量的优势向人口质量优势的转变。因此，应该加大教育产业投入力度，普及高中的义务教育，实施灵活多样化的教育方式，鼓励以多种方式形成全民终生教育，扩大受教育人口的范围，努力提高国民素质，只有这样才能把中国的人口发展由数量型转变成为质量型，从而更加有力地为经济的发展提供动力。

4. 教育推动产业结构优化升级

随着城市化水平的不断提高以及产业结构的升级，第二、三产业的迅速发展（尤其是第三产业的高速发展）能够吸纳大量劳动力，使得农村大量闲置的劳动力资源得到了很好的利用，避免了劳动力资源的浪费，能够创造出更大的价值。这对劳动者的综合素质也提出了更高的要求，以此来适应现代化生产的需要。同时，劳动力素质的提高使得预期收益超过了跨区域流动的机会成本，能够加速劳动力资源跨区域合理流动，使资源得到有效的利用和高效的配置，从而极大地促进了经济的发展。因此，教育在某种程度上使得劳动力资源在产业和区域间的流动变得合理。

5.教育推动医疗卫生事业发展

教育能够提高人们的健康意识，促进医疗卫生事业的发展，从而增加人的预期寿命，延长劳动年龄，能够创造出更多的价值。

6.教育改变

通过教育，可以改变传统的生育观念，降低出生率，从而能够减轻少儿抚养负担，提高人均收入和储蓄，增加投资，最终带动经济的快速发展。

对教育的投资是有效克服贫困的一种长期战略。如果一个国家的文盲过多，或者大众受教育的程度较低，那么国家的发展必然会受影响。研究表明，受教育程度越高，人均收入也越高，提高教育程度会改善贫困状况，从而缩小贫富差距和两极分化，使经济发展的结构和分布趋于合理。

第二节　教育与文化

"教育"与"文化"词源上的同义性，反映了教育与文化关系的密切性。在汉语中，"文化"一词由"人文化成"简化而来，按照其字面意义来解释就是"文而化之"，其基本含义是通过文治教化把人培养成有教养的人，即"教化"的意思。由此可见，"文化"与"教育"在词源上都是有直接联系的，以至于有人认为"教育即文化，文化即教育"，这些都反映了教育与文化的紧密联系。

一、教育与文化的关系

（一）教育是文化的表现形式

文化人类学家认为，文化是一个含义广泛的名词，它包括人类通过后天的学习所掌握的各种思想和技巧，以及用这种思想和技巧创造出来的物质文明。文化人类学是从物质生产、社会结构、人群组织、风俗习惯、宗教信仰等各个方面研究整个人类文化的起源、成长、变迁和进化的过程，并且比较各民族、各部族、各国家、各地区、各社团的文化相同之点和相异之点，借以发现文化的普遍性以及个别的文化模式，从而总结出社会发展的一般规律和特殊规律。社会学家认为，文化是人类群体或社会的共享成果，这些共有产物不仅仅包括价值观、语言、知识，而且包括物质对象。所有群体和社会的人们共享非物质文化——抽象和无形的人类创造，如"是"与"非"的定义、沟通的媒介、有关环境的知识和处事的方式。人们也共享物质文化——物质对象的主体，它折射了非物质文化的意义。人类社会的行为模式不仅仅依赖于遗传，而且还依赖于人类文化。人类行为深受我们生长在其中的文化的影响。

就教育而言，可分为两个紧密相连的组成部分：教育活动和教育理论。两者实际上分属文化的不同层面。教育活动隶属文化的制度层面，而教育理论则隶属文化的精神层面。在教育活动中，学校教育本身就是"制度化教育"的代名词，其"制度"色彩自不待言，就是非正规、非正式教育也并非是杂乱无章的、零散的，"制度化"的成分在其中仍占着重要地位。从教育理论的角度来讲，教育又是文化的精神层面这一大家庭中的一员。它所产生的思想观念是人类知识宝库的一部分；它所形成的价值规范是人类价值判断体系的一分子；它所需要的技能、技巧是人类艺术百花园中的一枝；它于文化的精神层面，实是生于斯，长于斯，又丰富于斯。

（二）文化的流变制约着教育发展的历程

文化并非只是静态地固守其传统，它在历史长河中屡有变迁，教育也随之嬗变更迭。在人类社会发展的最初阶段。知识的构成形态具有原始性，是以直接经验为主，并以感性的、现实的形态存在于社会实践之中的。这种原始的文化形态，完全可以用口耳相传的教育方式传至下一代。在这里，原始的、自然形态的教育方式与文化积累之间并不存在不相适应的矛盾。传授知识，要求施教者和受教育者付出更多的劳动，进行更多的专门训练，因而不能仅仅运用生产和生活中简单的示范和模仿，必须要创新专门的传授工具、专门的传授场所以及专门的途径，当然更需要专门的施教人员。在这种情况下，教育逐步成为专门的社会实践活动，学校成了专门施教的场所。

在当今世界，现代化已成为一个中心议题，一些发达国家已在很大程度上将其付诸实践，一些发展中国家也已吹响了现代化的号角。文化现代化，建构新的文化观。这一现代化中或许是最富有渗透性的一面正在深入人心。与此相应，教育的现代化也扬起了风帆，建设现代化的国家正在使自己的一套教育制度适应其具体的要求，使各种类型的教育活动整合于一个共同的制度框架，不断加强教育活动之间的统一性和相互联系。

（三）教育可以传播文化，孕育和创造文化，促进文化变迁

传播在文化变迁中占有举足轻重的地位，它是指文化从一个社会传到另一个社会、从一个区域传到另一个区域的流动现象。文化传播离不开一定的传播关系、传播媒介和传播方式。教育利用其得天独厚的条件，为文化传播打开了方便之门：第一，教育可以对传播内容加以选择整理；第二，教育过程中可随时接受反馈，修正传播内容、渠道，避免所传文化的失真；第三，传播者大多是"闻道在先"的，值得信赖，易于为受传者接受；第四，传者与受传者即教育者与受教育者可建立起稳定、亲密的联系；第五，可利用远距离教育、班级授课等组织形式，大范围地进行文化传播。创新是文化变迁的另一重要维度。从一定意义上讲，教育过程就是创造文化的过程。教育在传递、传播文化的过程中，从来就不是简单地复制文化，它或因社会变革、受教育者不同的身心状况以及教育者自身价值观的差异，赋予已有文化以新的文化意义；或因融合、汇总本土文化与外来文化，使原有文化发生性质、功能等方面的变化，衍生出新的文化要素。这些新的文化意义或文化要素往往会

成为文化创造和革新的萌芽。

二、新时期教育与文化的应变

教育与文化的内在联系决定了新时期的教育必然会对文化的变迁有所应对，这可以从以下两个方面来进行分析：

（一）文化对教育的调适

教育对新时期文化的适应性调整不仅是教育中人的主观意欲而且也是教育发展的客观需要，是新时期教育变革的大势所趋。教育受文化所趋而进行的调适在教育的各个层级都应有所体现，但鉴于任何文化首先是一种价值之源，因此文化对教育的调适最应该在教育价值的提升上有所反映。

教育作为人类社会特有的一种实践活动，能够促进人类社会的发展和人类文明的进步，不断满足人类的需要，因此，从它产生的时候起，便具有了价值属性。"所谓教育价值，是指作为客体的教育现象的属性与作为社会实践主体的人的需要之间的一种特定的关系。"对这种关系的不同认识、评价、界定或描述就构成了人们的教育价值理念。教育价值理念作用于人们的教育行为是以意识为中介的，而这种意识的形成必然来源于意识主体所处的文化语境。这一点在当前文化形态下表现为：社会中的每个成员，都把教育当作发展和完善自己的重要手段，作为实现自己美好生活的必由之路。

在新时期的文化形态下，教育价值要凸显文化中的主流因素即现代性文化的精华，就不应只是有利于实现技术的现代性文化而更要追求解放的现代性文化。亦即，教育价值不应只是迅速发展的社会所需求的有利于创造物质财富的价值，这种价值如同技术的现代性文化一样，虽然是我国新时期社会转型发展正需要的，但它只是一种阶段性的价值而非教育的永恒价值。教育价值对新时期文化的调适还应该表现在教育对人性的合理自由与相对理性以及对社会民主与公平正义的价值追求。在此，教育作为文化的承载者与传递者，理应承担起创新文化的使命。

（二）教育对文化的创新

我们可以从三个方面综合探讨教育对文化进行创新的可能。

一方面，我国传统型文化的核心就在于道德中心主义，这种道德中心主义重伦理规范、人伦关系，对维系社会及家庭的和谐具有很大的积极意义。但是，这种极端的道德中心主义又确实钳制了人们的自由意志和民主意识，一直以来，教育活动也是以社会道德及伦理规范为蓝本来塑造受教育者的思维模式和行动方式。在这种保守的道德中心主义的传统文化导引下，教育之于社会生产力及人自身意义上的生存发展的价值就难以得到彰显。在当前社会转型的新时期，教育应该培养具有独立理性、科学精神、民主观念等现代文化精神及公德意识的现代公民，而不是缺乏自主判断和个人意识的传统意义上的臣民或顺民。唯此，教育方能通过对人的影响反作用于文化，进一步推进当前文化的现代创新，步入现代文明。

另一方面，西方现代性文化的核心精神如自由、理性、科学、民主等意识极大地推动了社会文明的进步和发展，无疑应该在新时期深深地植根到我们的教育价值中。那么，我们的教育应辩证对待西方现代文化，在具体的教育过程中就应该更多地弘扬人文精神，突出受教育者的个人生活空间的建构和人文关怀精神的养成。亦即，当前文化形态下的教育理念在输入西方现代文化中那些我们所缺乏的诸如科学民主意识和自由理性精神等优秀元素的同时，不应舍弃传统型文化中仍具有现代意义并且经过适度改造后将具有永恒价值的精华元素。在新时期，教育负载着现代理性文化启蒙的时代重任，同时也应承担起传统人文精神升华的历史使命。

此外，相对于后现代主义思潮而言，尽管其语义含混、内涵不明，但其反本质主义、反中心主义、反绝对主义、反基础主义等理论特征，零散化、边缘化、平面化等文化特征，以及分裂、偶然、不确定、非连续、不可表达、不可设定等思维和心理特征也对教育提出了新的挑战。那么，我们在今天的教育过程中则应更多地给人以自由思维的空间，给人的个性以充分发展的可能。但是，"后现代性从现代性而来，只有吸纳了现代性之后，中国传统文化中包含的后现代性潜质才能转化成同现代性相辅相成的活力。"因此，新时期的教育对文化的创新关键，仍在于从传统型向现代性文化嬗变过程中对道德中心主义的扬弃及对工具或价值理性的审度。

从文化与教育关系的认识中，我们不难看出，文化与教育的确是一种共生关系。没有文化，就不会有教育。如果抽去了文化，教育就不仅失却其内容，而且会失却其作用，教育也就无从谈起。同样，抛却了教育，文化就成了不可思议之物，成了无由的存在和发展。文化与教育的关系是互相部分包含，互相作用，并互为目的与手段的交融关系。

三、文化的价值取向对教育的影响

文化价值取向对于人的思想、态度、行为的作用巨大，文化价值取向对教育的影响异常深远。对于我们的学生而言，在树立正确人生观与价值观的关键时刻，了解文化价值取向，能更有利地引导他们完成学业和自身得到更好的发展。

价值取向是文化的核心内容，价值取向对人的思想、态度、行为倾向等具有统领作用和整合作用。当今世界各国都十分重视对年轻一代进行正确的价值观教育。

一个人价值取向的形成，与他的生活经历、周围的环境有着密切的关系，而这种经历和环境渗透着文化传统中价值取向的巨大影响。中国有着悠久的文化历史，自中国最初的教育形态的形成，到现在的崭新的教育理念的发展，儒家思想一直在教育中起着中流砥柱的作用，儒家文化的价值取向一直对我国的教育，对年轻一代价值观的形成有着不可忽视的影响。这种影响一直延续至今，逐渐形成了在认知上具有重传统与权威的取向，在人事上具有重功名的取向，在道德上具有重"忠孝"的取向。

（一）在认知上具有重传统与权威的取向

追溯中国的历史，多数的受教育者重视传统和权威。在教育教学上，这种重视表现在受教育者总是感觉自身等级低于教育者，一直提倡师道尊严、尊重权威，尊敬教育者是每个受教育者内心必须遵守的道德观念，教育者所说的被称作"金科玉律"。这种尊重，一方面维护了教育者尊严和知识的权威性，但另一方面却抹杀了受教育者的主动性和探索精神。当代的教育者，在教育教学工作中习惯于主动地讲授，而受教育者习惯于被动地接受，教育者习惯于不断的提问，而不习惯于不断被受教育者提问，不能给予受教育者平等探讨问题的空间。由于长期处于这种被动的地位，受教育者会慢慢地自信心不足，变主动地汲取知识为被动地接受知识，丧失学习的主动性、积极性、自觉性和进取性，而这些品质恰恰又是现实社会最为需要的品质。

（二）在人事上具有重功名的取向

追溯中国的教育制度，家喻户晓的可能就是科举制度。科举考试不光是一种教育制度，更是一种选士制度，长期处于这种制度下，人们慢慢形成了"万般皆下品，唯有读书高"的思想。当今社会，这种思想使教育教学评价走向了歧途。在教育者的教育教学工作中，评价教育者的标准变成了能否教育出"做大官的人""名人"以及把考取高等院校的人数的多少作为教育者教学质量的评价标准。这样，导致了教育者更加注重智育的发展，而忽视了德、体等方面和心境、情趣的培养，导致了教育者对尖子生的培养，而忽视了全体受教育者整体能力的提高。

（三）在道德上具有重"忠孝"的取向

从道德取向上讲，不论是忠还是孝，都是建立在血缘和等级关系上的服从。我国古代教育，以"仁"为核心是其最高道德标准，课程设置为"礼、乐、射、御、书、数"。可见，我国古代教育非常重视"仁爱"和"忠孝"，希望把人培养成"君子"和"贤人"。

从古至今，这三种价值取向一直影响着受教育者，使其丧失了学习中的探究精神。在最近的一次课程改革中，明确提出了探究式学习的重要性，作为教育者，更应该重视探究性学习，在教育教学工作中，不断地激发学生的潜力，使学生树立自信心，培养出更加适合当今社会需求的创新型人才。

第四章 教育与学生个体发展

整体是由每个个体组建而成的，一个整体好与不好，由每一个个体的好坏来决定，一个班级好不好就要看教师对每一个个体的教育所花的时间和心血了。通过对学生每个个体的教育，良好的学生整体就会逐渐形成，从而达到预期的目的。在重视学生整体教育的同时，也要重视学生个体的教育，它们是相互转化的。因为，整体是由每个个体组成的，当个体达到最佳状态时，这个整体才是最好的、最棒的。因此，教师在制订计划、设计活动中，千万不要忽略学生个体的教育，要使他们学会做人、学会学习、学会生活，在提高他们智商的同时，也要提高他们的情商，使他们能快乐地成长，成为祖国需要的人才。

第一节 教育的生理基础

教育心理学认为：个性心理特征是指一个人在心理发展过程中表现出来的差别和特性。人们面对的生活和实践是千差万别的，因而在个性心理的发展中经过长期积淀形成千差万别的个性心理。深刻地认识个性心理特征的差异性，对于广大教育工作者来说是非常重要的。因为在教育教学的实践过程中，个性心理特征既作为一种检验教育教学的结果存在，同时又是进行教育的主要前提。

一、人们个性心理特征分析

人们在个性心理特征上的差别主要是从气质、性格、能力等方面表现出来的，针对不同的个性心理，因材施教，就是要求教育工作者详尽地把握住气质、性格、能力等个性心理特征文化的表现形式，并分别制订不同的教育计划，实施不同的教育手段。个性心理特征的形成，有其先天素质的因素，可以说人的先天素质是个性心理特征形成的物质基础。正因为如此，有些教育工作者片面地认为先天素质是决定学生素质的主要条件，从而在教育教学的实践过程中出现了简单，甚至是粗暴地对待受教育者，不欣赏，不喜欢受教育者的做法，这种做法是十分有害的。尽管先天素质作为物质前提在个性心理特征的形成中起一定的作用，但我们决不能忽视后天环境教育给予个性心理的积极或消极的影响。许多研究资料表明，先天素质有缺陷的人在后天环境教育影响中能够得到巨大的促进与补偿。众所周知，美国的著名作家海伦·凯勒在婴幼儿时期即双目失明，这个缺陷本来是正常个体成长的极大障碍，但幼小的海伦·凯勒在她的家庭教师的精心教育培养下，克服了这一巨大缺陷给她的个性心理带来的不利影响，终而成为世界知名的作家。由此可见，后天教育在个体成长中的作用是何等重要。

家庭是社会生活的基本单位，家庭是社会的缩影，形形色色的社会关系通过家庭作用于受教育者幼小的心灵，给其打上深深的烙印。例如父母离异的儿童往往孤僻、不合群，原本独立、开放、活泼的个性心理受到极大的压抑，停止向良好的方面发展。这对于存在某种不利其个性心理发展的潜在不利因素的孩童来说，更无异于雪上加霜。针对这种现象，教育工作者的疏导培育就异常关键而艰巨了，不因材施教就不可能收到良好的效果。

学校在学生个性心理形成中起着主导作用。学校教育是国家按需要有计划、有目的对青少年施行的教育。学校教育在发展某种有利和抑制某种不利因素方面的作用非同小可。比如，记忆的好坏与先天素质有很大关系，但即使是先天记忆的好坏与先天素质有很大关系，即使是先天记忆力较差的儿童，如能受到良好的教育，善于运用各种优良的记忆方法，在实践中也会大大提高记忆力。如此教育，受教育者终会得益匪浅。反过来说，虽然具备了良好的先天素质，但后天你激励开发不能持续，也不会有什么好的结果，王安石笔下的方仲永就是一个令人痛惜的例证。学校是提高学生能力，让学生具备良好的个性心理素质的主要场所，更是教育工作者的用武之地。因此，因材施教应该成为每位教育工作者时刻不变的教育原则，成为发展改造学生个性心理的最好武器。

二、青少年的生理特征与心理健康

青少年时期是一个生理与心理急剧变化的时期，是人的一生中最不稳定的时期，期间有对未来最乐观的憧憬，但是也充满了发生各种不幸的可能。埃里克森认为青春期最主要的两个问题是："我是谁？""我将走向何方？"，即建立同一性的问题。在这个关键时期我们有必要提醒家长和青少年：他们需要立志，需要准备承担大任，需要经受艰苦磨炼，需要学习抵御各种风险的能力。

青少年时期生理变化急剧，身高体重迅速增长，第二性征出现，到青春期结束性发育基本趋于成熟，伴随生理变化的是青少年心理的转变。青少年对自己生理和心理的快速变化、成长的烦恼、学校和家庭的期望不容易适应，所以很容易发生适应危机，特别是原先解决问题能力较差的青少年更易出现心理问题，甚至出现心理障碍或心理疾病。青少年的心理问题主要表现在：焦虑障碍、适应障碍、情感障碍、睡眠障碍、自杀行为等。近些年，随着心理学知识的普及人们虽然能够意识到青少年的心理健康状况可能会影响他们的健康成长，但在现实生活中却很少关注，甚至对明显的反常行为也熟视无睹，只是关注他们的学习成绩和躯体健康。其实青春期青少年有很大的发展潜能，行为有很大的可塑性，只要我们及时给予帮助和指导，他们就能消除烦恼，健康成长。家长、老师和社会各方面要营造一个良好的心理社会环境，帮助和支持青少年完成发展中的四大任务，促进他们健康成长。青少年面临的四大任务是：

（一）独立性的增强

伴随生理的成长的青少年独立性也日益增强。青少年对父母依赖逐渐减少，准备成为一个独立的社会成员进入社会生活。为了获得独立的个性，他们必须摆脱父母，但又常常不能得体地割断父母的约束。他们既渴望以独立的身份参加社会活动，同时又怀疑自己是否强大到足以独自前进，希望得到关怀和帮助。他们与父母的关系卷入了爱恨交加的矛盾之中。此时青少年常常选择同龄人为伴，并经常对成年人的权威进行反抗，加深了"代沟"。对父母过分依赖、人际交往训练不足、缺乏独立解决问题能力的青少年将感到困难，体验着焦虑、恐惧和失落的痛苦，可能产生任性，幼稚、自卑、不负责任的心理特征；父母过于严厉，动辄受父母等人训斥或贬低，为父母厌恶并且切断交流渠道的青少年，常常没有独立前进和面对难题的勇气，会形成恐惧、自卑、胆怯的心理特征；父母争吵不断，自幼担心失去父母或童年有亲人丧亡的体验者，容易焦虑、恐惧或情绪不稳，对人生抱悲观或虚无的态度。明智的父母和教师能根据青少年的个性特征，关心他们的生理心理需要，时刻注意扶植青少年的自尊和自信，鼓励他们自立和自律，培养他们对自己行为负责的态度，放手让他们去实践和锻炼，提高他们解决问题的能力。

（二）学习任务的增加

青少年面临繁重的学习任务，过重的作业负担、频繁的考试、同学间的竞争和关系不良、过高的期望，常引起强烈的"应急反应"，可出现焦虑、抑郁情绪和自主神经功能失调如头痛、失眠、心慌、胸闷等症状。现在青少年中所谓的"厌学的学生"，主要原因在于学习或考试受挫，学习中的困难无人帮忙，烦恼无人可以诉说，对老师的惩罚感到丢脸等等引起的抑郁、无趣的情感和回避学习的态度，这与学校缺乏健康的文娱活动和生动活泼的学风也有一定的关系。有的青少年厌恶学校，沉溺于网络之中，以致成瘾（网络综合征），实际是他们排解烦恼的一种方式。有些青少年学生对自己期望过高，选定了不切实际的学习目标，一旦未能实现，则失望、厌倦、郁郁寡欢，甚至觉得失去了生活的意义。学业有成是青少年学生的一项心理需要，老师应善于理解和帮助他们，鼓励他们面对学习困难，这对青少年心理健康是很重要的。

（三）正确认识和处理性冲动、学会和异性交往

青春期性意识觉醒，由于生理变化引起青少年的羞怯和紧张，甚至自我反感。他们每天都在注意自己身体的细微变化，并将这些变化与同伴进行比较。当他们发现自己的身体变化远远早于或落后于同伴时，则会引起焦虑不安。反复出现的性冲动常令他们惊恐不已，并且警惕地以多种方式来防范这种感觉。明智的处理办法是：对青少年进行适当性知识的教育，同时教育青少年应集中精力全神贯注于学习和思考。青少年需要学会与异性友好交往，个性羞怯的青少年容易在和异性交往时发生"社交焦虑症"，一旦出现类似情况，应

及时就医，根据临床评估给予心理治疗或药物治疗。

（四）树立正确的人生观

青少年处于人生的关键时期，缺乏社会经验，易受外界诱惑，他们对自己身体和心理变化惊奇不已，而对人生道路上的种种困难尚无充分的心理准备。他们需要树立正确的人生观，要认识自己的社会责任，确立自己的人生目标，懂得今天社会要求的行为标准，培养高尚的道德情操。青少年要积极投入现实生活，面对现实，不怕困难，不但要学习知识，更要学会做一个真正的人。要了解社会，了解人生，要培养爱心、学会宽容，要有合作精神，勇于承担责任。要有理想有抱负，严于律己，乐于助人。青少年要学会自我设计，也要善于接受指导。有些青少年不了解时代赋予的责任，没有正确的生活态度，没有建立自己的生活目标，以至在不良的诱惑面前不能自已，沾染了一些恶习，甚至走向违法乱纪的道路，辜负了家长、学校和社会的期望，这是值得人们反思的。

为了使青少年健康成长，首先要理解他们的生理心理需要。生理上，应注意适当的身体锻炼，均衡的营养和良好的睡眠，以适应身体成长的需要；心理上，青少年需要独立性、安全感、友谊交往、爱、自尊、成就感、解决问题的经验，需要有人指导，需要思考时间，需要有生活目标等，以适应培养健康人格或心理健康的要求。青少年只有身体健康、心理素质良好、才能承受生活的各种压力，具备解决问题的能力和善于交往并能构建完善的社会支持系统，由此就可以顺利度过这个危险期并健康成长。

第二节　教育与儿童发展阶段

透视今天的"童年"生活，很显然，儿童是为未来、为成人而生活的，我们的文化也只有成人的概念，儿童也被看作是"小成人"，受到了成人一般的对待，虽然我们对儿童的关注在增强，可儿童过早地被推入成人世界，他们穿得像成人，承担的压力也和成人一样。很多时候，儿童与成人之间的界限变得模糊不清，儿童被社会鼓励像成人一样做事。

一、儿童发展阶段

皮亚杰是著名的儿童发展心理学家。

他早期研究儿童语言和思维等认识的发展，并由此入手，最后创立了发生认识论，给后人留下了许多珍贵的文献。

他提出的普通儿童思维发展的四阶段发展规律，为日后普通儿童乃至特殊儿童的发展研究指明了道路。

这四个阶段分别是：

（一）感知运动阶段 sensorimotor stage，0—2岁

处于这一时期的儿童主要是靠感觉和动作来认识周围世界的。他们这时还不能对主体与客体做出分化，因而"显示出一种根本的自身中心化"（皮亚杰，1981年）。

用皮亚杰的话来说，儿童在这个时期还没有达到运演的水平，他们所具有的只是一种图形的知识（figurative knowledge），即仅仅是对刺激的认识。婴儿看到一个刺激，如一个奶瓶，就开始做出吮吸的反应。图形的知识依赖于对刺激形状的再认，而不是通过推理产生的。

（二）前运算阶段 pre-operational stage，2—6岁

皮亚杰认为，儿童在两岁时，发生了一种哥白尼式的革命，就是说，他们的活动不再以主体的身体为中心了。这个时期儿童的认知开始出现象征（或符号）功能（如能凭借语言和各种示意手段来表征事物）。正是由于这种消除自身中心的过程和具备象征功能，才使表象或思维的出现成为可能。

但在这个阶段，儿童还不能形成正确的概念，他们的判断受直觉思维支配。例如，唯有当两根等长的小木棍两端放齐时才认为它们同样长；若把其中一根朝前移一些，就会认为它长一些。所以，在这个时期，儿童还没有运演的可逆性，因而也没有守恒性。

（三）具体运算阶段 concrete operational stage，7—12岁

7—12岁处于具体运算阶段。皮亚杰认为，7—8岁这个年龄一般是儿童概念性工具发展的一个决定性转折点。这一阶段儿童的思维已具有真正的运演性质。换言之，他们已具有运算的知识（operative knowledge），这种知识体现为在一定程度上做出推论。

例如，我们把一只足球放在一些篮球中间，然后当着儿童的面把足球放在一些排球中间。这个阶段的儿童能够推理出这是同一只足球，物体不会因为改变地点而变化大小，因此这只足球不会比在篮球中时更大些。

一般而言，运演的知识是考虑事物如何从它们原来的样子改变成现在这个样子的；而图形的知识只考虑某一时刻某一地点中物体的静止状态。在具体运演阶段，儿童的思维已具有可逆性和守恒性，但这种思维运演还离不开具体事物的支持。

（四）形式运算阶段 formal operational stage，12岁至成人

儿童在12岁左右，开始不再依靠具体事物来运演，而能对抽象的和表征性的材料进行逻辑运演。皮亚杰认为最高级的思维形式便是形式运算。

形式运算的主要特征是它们有能力处理假设，而不只是单纯地处理客体。而且，儿童在这时已有能力将形式与内容分开，用运演符号来替代其他东西。

二、儿童阶段的教育

七八岁的孩子特别好动、好奇、好仿、好胜。他们对具体形象的事物感兴趣，对通俗上口的东西记得快，对表扬鼓励的话乐意听，对新颖有趣的活动愿意参加。针对低年级儿童的这些特点，教师如果采用寓教于乐的方法，就会收到预期的教育效果。

（一）寓教于讲故事之中

儿童的形象思维占优势，又喜欢听故事。根据这一特点，将抽象的道理渗入形象生动的故事中，让儿童在品味故事的娱乐中接受抽象的道理。例如，"严守时间，讲求办事效率"是现代和未来社会的要求。但如果只是天天讲"时间就是生命""寸金难买寸光阴"之类的话，儿童则难于领会。有位教师采用了讲故事的方法向儿童进行教育，收到了良好的教育效果。首先，她给儿童讲了"等明天"和"总算按时卸完了货"两个故事。其中第一个故事说的是，淘气的小猴子总是把学本领的愿望寄托于明天，到头来一技无成；第二个故事说的是，有一次上海港的工作人员从一艘外轮上卸货，差点因超过规定的时间而造成赔款。这两个故事很形象地帮助儿童认识到了时间的价值。接着，教师又组织儿童做了几次小实验，即"五分钟能写多少个字""放学后值日要用多长时间""你从家到校要走多长时间"。儿童觉得实验是有意思的事，都能认真去做。通过实验，教师和家长心中有了底，督促检查有了标准；学生心中有了数，做起事来知道抓紧时间。同时，教师又与家长联系，帮助儿童制订了"在家活动时间表"，使儿童学习、劳动、娱乐都能有序地进行。经过一段时间的训练，儿童不仅养成了注意效率、不浪费时间的好习惯，而且逐步学会了自己管住自己，自己驾驭生活的本领。

（二）寓教于唱儿歌之中

儿歌浅显、易懂、活泼、好记，深受低年级儿童的欢迎，如果将教育的内容编成儿歌教给儿童唱，可以使儿童受到情绪上的鼓舞，思想上的教育，艺术上的熏陶和认识上的深化。就拿培养儿童正确的书写姿势来说，有位教师将执笔方法和书写姿势编成一首小儿歌："仔仔细细量三量：一量执笔偏不偏，笔尖后空两指宽；二量身子弯不弯，胸离桌沿整一拳；三量眼下远不远，竖起小臂手碰脸。"教学生唱儿歌前，教师先组织儿童在校园里观察了一棵绑着的小树，还观察了一棵主干弯曲、树头歪斜的老树，一边观察一边问："小树为什么被绑着？""老师为什么让大家观察这样的两棵树？"一个爱动脑筋的儿童很快领会了教师的意图，高兴地说："我知道，老师把我们比做小树苗，现在我们骨头软，要坐得正，立得直，要不，长大了也是弯弯腰！"他这样一说，其他儿童也都明白了这个道理。于是，教师抓住时机，马上把大家带回教室教唱儿歌，边教边指导练习执笔方法和书写姿势。儿童很快掌握了要领，以后每次写字总会边唱边按照儿歌中的要求量三量，然后端端正正地写起来。但是，低年级儿童不善于分配自己的注意力，他们在同一时间内，往往只能把注意力集中到一件事上。当他们集中精力写字时，就会不知不觉地忘了执笔方法和书写姿势，不是把身子靠近桌面，就是用手指捏住笔头。为此，教师又想出了方法。他制作了许多带有底座的小红旗，看谁上课读书或写字的姿势保持得好，就把小红旗放到谁的桌面上。儿童为了争得小红旗，随时自觉按照儿歌里的要求纠正自己的姿势。这样持之以恒，正确的读写姿势就逐渐巩固下来了。

（三）寓教于有意义的活动之中

儿童的思想品德是在活动和交往的过程中形成的。各种新颖有趣的活动不仅能激发儿童参加活动的愿望，而且能使他们在活动中形成接受教育和锻炼的最佳心理状态。但是，儿童的主动性、独立性、坚持性差，要想使他们良好的道德行为形成习惯，最好在活动中定期进行检查评比，及时表彰先进，形成你追我赶的局面，这是激励儿童自己教育自己的有效方法。

儿童有意注意时间较短，要保持课堂气氛的活跃，就应根据教学需要，有意识地调节课堂节奏，变换教学方式。例如：讲述、提问、讨论、答疑交错进行；默读、朗读、领读、齐读、轮读、分角色读多种形式交替训练；恰当地运用图片、幻灯片、录像、录音等教学手段，让学生眼、耳、手、脑多种感觉器官参与活动。这样，使学生在一定时间内，持续处于兴奋状态，减少长期单调活动引起的疲劳，有助于生动活泼的课堂气氛的形成。

在整个教育过程中，教师要考虑儿童的个别差异，因材施教，让每个儿童都能通过适合各自心理特点的方式和途径接受教育，健康发展。

三、创造适合儿童的教育

多年来，评价问题一直是教育界研究和关注的焦点，也是基础教育改革的重点。以往的评价更多地关注学生的学业成就，以知识技能评价为主要内容，以书面评价为主要方式，更多地强调甄别和选拔的功能，忽视其他方面的功能。

新课程提倡多元化的评价，体现多元的评价目标、多维度的评价内容和多样性的评价方法，在教学实践中我尝试运用不同的方法评价学生在学习过程中的表现，既提高了学生对学习数学的兴趣，增强了学习数学的信心，又有助于自己全面了解学生的发展，不断改进教学。下面介绍我在数学教学中是如何对学生进行评价的，以及适当地评价带给学生的积极的正面影响。

（一）科学、合理、鼓励创新的评价有利于促进创新精神和实践能力的培养

比如下面两种情况在实现评价目标上具有明显的不同，所获得的结果也是截然不同的。

题目一

根据下面的表格绘制条形统计图

园丁小学各年级人数统计表

这道题完全针对确定的知识与技能，很难考查学生的思考过程和学生综合运用数学知识的能力，更谈不上对学生创造性思维的考查。

题目二：评选班级小明星（同样是绘制条形统计图）

老师："这节课我们来评选一位本周明星，这位同学可以是在座的每一位同学，如果你认为自己在这段时间内各方面表现都好的话，你可以毛遂自荐。然后由同学们对你做出公正的评价，最后咱们选出一位本周明星。"学生听后脸上明显表现出兴奋的表情，可是却缺乏勇气，没有一位学生举手，都看着别人，也有几位学生低着头。我一看进行不下去，就说："这样吧！咱们也来个推荐你身边的小明星，谁愿意做伯乐，把你身边的千里马推出来？"这时学生活跃起来了，都想推荐别人，课堂有些乱。我说："你们想一个办法吧！这样下去可不行，咱们什么时候能把他选出来呀？"有几位学生马上喊道："投票。"我故作疑问："行吗？"他们异口同声："行。""好吧！就听你们的。"我话音刚落，全班马上静下来。学生都一脸严肃地在写自己认为符合条件的人。一会儿，选票交上来了。我说："接下来你们知道怎么做吗？""写正字。""好吧！谁愿意负责这件事？"班长陈月举手了。选票结果很快就出来了。陈月以 8 票当选本周之星。当选前五名的是第二名刘浩 6 票，刘佳、赵宇并列第三获得 5 票。李倩以 3 票获得第五。我请大家对陈月表示祝贺，并谈自己的感想，然后问学生："你们知道老师为什么在数学课上评选本周之星吗？今天我们学习的内容就是数据的收集和整理。刚才我们评选的过程就是在收集数据，下面我们对这些数据进行整理（画条形统计图），请同学们把每人得的选票用斜线表示出来。"

这道题是从学生感兴趣的话题入手，让学生亲自经历数据收集和整理的过程，不仅考查了学生对统计知识的理解，而且使学生明白了统计知识的重要性和必要性，加深了对现实问题的一些了解。这样的问题可以提高学生学习数学的兴趣，教师也可以了解学生在数学问题上的不同的发展水平。

（二）评价要以情感教育与赏识教育作为主导

评价的本质功能在于促进教师与学生的发展，突出评价的发展性功能，集中体现为"一切为了学生的发展、为了一切学生的发展"的教育理念。因此我们要认真发现学生的闪光点，积极尝试情感教育与赏识教育。学生的发展需要目标，需要导向，需要激励。我们的课堂教学评价要为学生确定个体化的发展性目标，不断收集学生课堂教学发展过程中的信息，根据学生的具体情况，判断学生存在的优势与不足，在此基础上提出具体的、有针对性的改进建议。我们的评价应充分考虑学生的过去，重视学生的现在，更着眼于学生的未来，所追求的不是给学生下一个精确的结论，更不是给学生一个等级分数并与他人比较，而要更多地体现数学课程教学对学生的关注和关怀。教师不但要通过评价促进学生在原有水平上的提高，达到基础教育培养目标的要求，而且要发现学生的潜能，发挥学生的特长，了解学生发展中的需求，帮助学生认识自我，建立自信，从而促进学生主动、健康的发展。

（三）评价需要打造适合学生发展的氛围

新课程倡导：评价标准应该多维化，评价方法应该多样化，评价主体应该多元化，给学生创造成功的机会，等等。要使这些理念变为现实，一个值得关注的前提是要营造一个适合学生发展的"生态环境"。教师应建立在双方真诚平等的基础上，走出"至上""独尊"的心理怪圈，抛开功利心，怀揣平常心，与学生真诚面对，共同营造一个温馨、静谧的"家"。在新课程中，学生们给我们带来了愉快，使我们轻松，是学生们促进了我们成长。在课堂上，我不断地肯定学生的每一点进步，引燃学生的每一丝发现的火花，"真叫你猜中了！""你真有坚持性。""你真会思考。""你们真会动脑筋，遇到事情有自己的意见和主张，会用自己的头脑去分析问题，这非常可贵！"在真诚的交流和评价中，我感受到学生在一种"零距离"的活跃的心理状态下敞开心扉，放飞思想。

（四）学生在课堂上的表现应成为数学课堂教学评价的主要内容

任何课堂教学的效果都必须通过调控学生的学习状态才能得以实现。课堂教学是否以学生发展为本，学生有最深切的感受和体验。因此我通过了解学生在课堂上如何讨论、如何交流、如何合作、如何思考、如何获得结论及其过程等学生的行为表现，来评价课堂教学的成败，即："以学论教、教为了促进学"。

（五）对数学学习的评价应体现学生丰富多彩的个性发展与学习历程

目前，数学教学安排和数学考试评价过多地考虑了那些容易用纸笔测验的简单的知识与技能，对评价学生在高层次的数学创造技能、数学应用、提出假设与论证、组织规划、预测展望等方面的能力重视不够，至于评价数学学习中的情感与态度，更是显得薄弱和力不从心。而对数学学习结果的评价几乎都是借助抽象概括化的考试分数，过于强调量化分析，过多地重视数学学习的智力目标，误把考分相同看成发展水平相同，忽视学生心理发展和智能结构差异的多面性和客观性，给学生的数学学习留下太多的阴影，造出了许多"失败者"。为此，教师应通过多种多样的渠道和方式来评价学生的数学学习结果，关注学生的个别差异，以反映不同学生的数学学习过程和取得的进步。

（六）评价主体应多元化，评价方式应体现层次性与多样性

教师在评价学生的数学学习时，既可以让学生开展自评和互评，又可以让家长参与评价过程，而不仅仅局限于教师对学生的评价。随着学习的不断深入，新的评价方式越来越多：不仅仅采用笔试，更多的是采取诸如口试、课堂观察、课后访谈、调查、撰写小论文和项目活动报告、建立数学个人成长记录等。开放、多样化的方法可以全面关注学生学习数学的现状、潜力和发展趋势。

我们要建立评价学生全面发展的指标体系，重视采用灵活多样、具有开放性的质性评价方法，而不仅仅依靠纸笔考试作为收集学生发展证据的手段。考试只是评价学生的一种

方式，要将考试和其他评价方法结合起来，全面描述学生发展的状况，应对考试结果做出分析、说明和建议，形成激励性的改进意见或建议，促进学生发展。

第三节　教育与个体差异

一位哲学家曾说："世界上没有两片完全相同的叶片"。人也是一样。心理学把这种每个人身上经常的、稳定的表现出来的心理特点的差异称为个性差异。主要指能力、兴趣、性格、气质方面的差异。有由于人的先天素质不同，后天环境影响和教育的不同，因而形成人与人之间的个性差异，学生的个性差异是客观存在的。老师，特别是班主任必须从这一客观实际出发，有的放矢，因材施教，使每一名学生的个性形成良好发展，健康发展，这样才能使学生无论在品德上，还是学习上有一个飞跃。

教师教育素养的一个很重要的要素，就是要懂得各种研究学生的方法。教育素养在很大程度上取决于教师是否善于在学生的脑力劳动和体力劳动过程中，在活动、参观、课外休息时间内观察学生，以及怎样把观察的结果转变或体现为对学生施加个别影响的方式和方法。班主任工作的核心就是掌握每个学生的心理动态，包括学校的、家中的，要做到对自己所教的学生了如指掌，使教学和思想工作落到实处。了解学生必须做到客观、全面、深入。个性教育就是尊重，鼓励和发展学生独特性和优势的教育，是扬长教育，不是补短教育。发现学生的优点，并且对他们的优点给予积极的鼓励和发展，这是个性教育的一个基本特征。自我评价首先就是肯定自我，肯定自己做为人而存在的尊严和价值。对于儿童来说，自我肯定首先依赖成人，尤其是教师的评价，教师的积极评价对他们形成自我认同、自我肯定、自我欣赏的人格特征具有特别重要的作用。对肯定、欣赏和赞美的需要深深地植根于每个人的灵魂之中。每个学生都有自己的优点和长处，我们在教育中应当努力发现他们积极与优秀的一面。这是教育真正影响儿童心灵的基本前提，也是每个教育工作者献身教育活动的必要基础。在教师的意识中学生是龙，于是他们就成了龙，在教师的意识中学生是虫，他们也许真的就成了虫。一个叫多萝茜·洛·诺尔特的西方学者说得好："如果一个孩子生活在鼓励之中，他就学会了自信。如果一个孩子生活在表扬之中，他就学会了感激。如果一个孩子生活在接受之中，他就学会了爱。如果一个孩子生活在认可之中，他就学会了自爱。如果一个孩子生活在承认之中，他就学会了要有一个目标。"

实践证明，教师的评价对学生的发展确实能产生非凡的影响。我国自20世纪以来，个性教育的理念已在整个教育领域占据着非常重要的地位。为了我国社会主义建设的需要，同时以遵循少年儿童身体、心理发展的规律为目标，通过实施个性教育推进课程改革和落实素质教育，成为当代我国教育改革的重要内容之一。那么如何探索现实条件下个性教育实施策略是我们作为教育工作者的必然选择，由此笔者仅从教师态度、组织形式、课程开发等方面作简要的探讨，让学生得以持续全面发展。

第四节　尊重个体差异

一、要尊重幼儿的个体差异

俗话说，"千人千面"，说明每一个人都是一个独特的个体，都有自己个性化的表达方式。老师只有在尊重孩子的前提下，他们才能自由大胆地表现。实践证明，只有承认孩子的个体差异，进行有层次的操作练习，才能让他们体验到成功的快乐，激发学习的兴趣。"以关怀、接纳、尊重的态度与幼儿交往，耐心倾听，努力理解幼儿的想法与感受，支持、鼓励他们大胆探索与表达"，这是《幼儿教学纲要》对教师提出的要求之一。我们要改变现状，以一种自然的方式学习。1950年，保加利亚心理治疗家乔治·罗拉诺开始研究某些人可以在智能上表现得比其他人突出的原因。罗拉诺发现，提升学习速度的秘诀在于重塑自然学习环境，将教室重造使学生可以选择由被动地专心听讲，转为巧妙而艺术地参加课堂活动，活跃地参与唱歌、舞蹈、戏剧及其他体能活动和讨论。依据这个理论，我对学生做了一个实验，把教室布置成孩子的娱乐室，根据不同的讲授内容，放置不同的道具和实物，我扮演知心姐姐的角色，用和蔼而正面的回应激发他们的学习欲望，淡化错误或将错误重新解释为有积极引导意义的沟通方法。在这样的学习氛围中，孩子们表现出了对事情的兴趣，这时老师最好的反应是分享他们的兴趣，而不要化解或掌控他们学习的乐趣。充分给他们提供机会，继续尝试他们可能有兴趣的学习活动，对他们感到有兴趣的事，表现出相同的兴趣。

正确的师生互动关系，为所要学习的事物建立必要的关系基础，无论任何年龄的学生，理解接受能力都是能够不同程度得到提高的。所有的教育，除了每次传授知识和技能外，还应该鼓励并教化学生具备学习和成功的能力，只有使学生喜欢学习的过程，才能达到收获知识的效果。总之，课堂中应充满求知的欲望，充满成功的期待。

二、遵循学生个性差异教学措施

（一）关注每一位学生

1. 教师要遵循个性化教育的原则

学生是人，每个学生都是有着自己性格特征的生命体，在对学生进行个性化教育时，我们必须遵循相关的原则，让学生感觉到自己的存在，让学生树立自信心，感觉到自己是一个有着自我特色的生命体，从而能够让自己的个性得到进一步发展。

2. 尊重学生人格，对学生严慈相济

在现代文明社会里，人不分年龄大小，人与人的关系是相互平等的关系，每个人的人格尊严都应得到尊重。学生分数低，成绩差，是发展中的差距，我们没有任何理由因此而漠视他的人格。教师的爱与严是相辅相成的。一方面，教师的严格必须以爱为基础，不能让它变成那种让学生感到害怕、敬而远之的"严厉"；另一方面，严格又必须对爱有所约束，不能感情用事，不能对学生溺爱和放纵。从本质上说，严格要求本身就是一种对学生充满责任感和理智感的无比深沉的爱。教师要真正地关爱每一个学生，要公平对待每一个学生，做到"爱满天下，一视同仁"。爱成绩好的学生不难，难的是不歧视"差生"。可以这样说，爱"差生"的老师是神！爱就是教育，谁有爱心，谁就把握了教育的真谛。爱是师生之间最牢固的连接点，是开启学生心灵之门的钥匙，老师只有掌握了这把钥匙，教育渠道才会畅通无阻，个性教育也才能真正得到实施。

（二）努力实行小班化教学

随着县域经济的快速增长，很多边远深山地区的农民通过外出打工、做生意等形式已经逐步富裕起来，他们不再满足于农村劳作的方式和孩子的入学条件，根据自身家庭的收入情况，分别向城区和中心集镇快速流动，致使城镇化进程迅速加快。然而学校的建设又跟不上城镇人口发展的速度，这便造成城区和中心集镇的学校存在严重的"大班额"现象。大班额教学成为个性教育的重大障碍。实施个性教育，应逐步缩小班级规模，实行小班化教学。研究证明，小班化教学对于学生个性的发展具有积极的影响。在较小的班级里，老师能关注到每一个学生，有利于创设友好的课堂气氛，学生可以更为直接地进行个别化学习。与比较宽松的教室相比，在拥挤的教室里，学生的行动更限制，教学要求得不到满足。实践证明，班级规模会影响到教师的"教育关照度"。教师对每个学生关心与照顾的指数越大，表明老师对每个学生的关心与照顾越多，师生个别交往的机会与时间越多。班级规模的大小还影响成员间的情感关系。学生在小班级的情感表现比大班更为有益，班级规模越大，情感纽带的力量就越弱。班级规模大小还影响成员间的交往模式。班级越大，成员间交往的频率就越低，了解就越少。但规模缩小以后，师生、生生之间接触和交往的机会随之增加，每个学生更有可能得到教师的个别辅导和帮助，每个学生有更多的积极参与的机会，这会提高学生的学习兴趣，使学生有更积极的学习态度和更好的学习行为。小班化教育带来的对个体的充分关注体现了教育的人文关怀，也是使个性教育得以具体实施的一个重要途径。

（三）转变传统课程形式，加强课程的多样化

教师要贯彻以生为本的新课程理念，必须把课程目标定位于个性化教育需要，对课程内容、课程结构、课程载体及课程管理模式重新审视与创新。以确保个性化教育的顺利开发和实施，所以，个性化教育必须与课程改革结合起来。在课程结构上，要突出均衡性、

选择性、综合性。要强调综合性，设置综合课程或综合突出活动，并加强多样课程的联系，促进学生的全面发展；要加强课程的选择性，以适应人才多样化发展的需要，保证课程结构的均衡性，促进学生全面和谐地发展；在课程内容上，要联系生活，贴近社会，加强课程对学生创新个性的培养。在生活中进行道德教育，人文教育和科学技术教育，在生活实践中实现三者的辩证统一。在课程管理上，实行国家课程，地方课程和学校课程三级管理。做到既保证统一教学和质量，又办出各自的特色，更好地为当地经济建设服务。在课程载体上，实现课程的多样化和个性化。没有个性，就没有创新。课程的个性化和教育技术的发展为因材施教提供了实现的可能，课程的多样化为个性教育提供了有利条件。

随着当代教育体制的改革与推进，学生的个性化教育正逐渐被教育工作者所重视，教师在实践中都应积极去开发、挖掘学生各方面的自主性，去探寻科学的教育教学方法，从学生的兴趣出发，去发现他们的优点与长处，同时综合利用学校的校本课程，去探求适合本校学生的个性化教育课程，从而扎扎实实地落实好个性化教育，全面提高学生的综合素质，让学生的身心得到和谐发展，为学生的终身发展奠定一个良好的基础。

第五章　教育中的德育发展研究

"十年树木，百年树人"，当新课改的浪潮激起时，我们都应改变思想、改变观念、改进方法。由于我们谁都可能忽视德育，因此要尽可能地将德育从其他的课程中分离开来。尤其在现代的复杂化的社会当中，德育工作更是重要。

在国内关于"德育是什么"的争论反映了不同的德育观，对德育实践也产生了不同的影响。在众多的观点中德育内容方面主要有两类观点：一是大德育观点，这种观点说明了德育内容无所不包，无处不在，包括思想教育、政治教育、道德教育甚至法制教育、心理教育、青春期教育、环境教育等。泛化教育造成面面俱到、面面不到；二是严格意义上的德育观点，也就是仅把道德教育看作是德育。而在众多的德育教育形式中我们今天要探讨的学校德育，尤其是小学阶段德育应该以道德教育为核心重点，适当兼顾相关话题。

第一节　现代德育与传统德育

要培养跨世纪的人才，实现我国社会主义现代化建设的宏伟目标，就必须站在历史的高度，以战略的眼光来认识新时期德育工作的重要性。今天，我国已进入一个新的历史发展时期，许多新思想、新问题不断出现，时代要求学校培养出来的人才既能适应和促进社会主义市场经济的发展，又要有较高的文化品德修养。这就为广大教育工作者提出了一个必须面对的问题：如何使学校德育贴近学生生活的感受，使之具有强烈的时代性、实效性是多年来教育界一直探讨关注的话题。

一、现代德育

（一）现代德育的误区

生活德育，在本质上是人类自然的、思想的、实在的、实践的与对话的存在形式。它不是抽象的知识体系、给予性政治话语、功利性世俗表现，而是个体的感知、体验、经验与建构过程，是生命在生活中不断释放、发现、创造、生成和实现自身的能动形态。然而，现代德育逐渐远离了生活，走进了极端的知性德育、政治德育与功利德育的误区，这是我们迫切需要思考与警惕的。

从生活德育的视角来看，我国学校德育在相当长的时间里存在着许多误区，概括起来大致有以下几个类型。

1. 知性德育的极端化及其后果

知性德育遵守"知识即是美德"之信条，坚信道德的建立是遵守自然天道的过程。即德育在于直接遵守道德"逻各斯"或规律的需要，德育过程演变为掌握"规律"与"逻各斯"基础上的道德科学认识过程。怀特海认为："对伟大崇高的认识和判断构成道德的基础。""德育就是使学生掌握某种道德知识体系，产生相应的道德情感与行为。经过凝道而成德、显性以弘道，终于达成转识成智，造就自由的德性"。在实践中，知性德育往往走向极端，出现片面知识教育的误区。

第一，德育知识化。在德育实践中，许多人以传授知识为目的，"把人类这一高尚的精神活动等同于一般意义上的知识传授、灌输与接受……把美德细化为许多知识节点—德目，进行类似于科学领域的知识传授与灌输，结果是道德知识普及了，德性人格反而走向迷失。"

第二，德育智育化。德育几乎向智育看齐，抹去了那些对人生至关重要的问题—探问整个人生的意义。教师预设多、学生探索少，教师总结多、学生表达少。教师剥夺了学生的话语权，让学生处于"失语"的状态。

第三，知行分离。德育强调专业化的德育课程体系，重视普遍化和客体化的道德知识，追寻抽象的道，导致学生的道德认知与道德行为之间形成了一道难以逾越的鸿沟。秉承知识是德育的基础，这是无可厚非的。但知识已经变成德育的唯一要素，其与学生生活处于隔离状态，道德良知没有从生命深处唤醒。结果只见知识的授受，不见鲜活的自省与创造，失去了德育的生活根基，导致学校德育陷入"知行分离"的困境。"现代德育由于其知性特质，在很大程度上是悬挂在空中破碎而又抽象的德育，这正是现代德育陷入困境的重要根源。"

2. 功利德育的极端化及其后果

功利德育遵守"有利于多数即是美德"之信条。道德的建立直接满足特定的社会需要与实效，为了遵循社会需要，希望达到一定的"规范、秩序与原则"目的，以使个人和社会的和谐生活成为可能。可以说，"道德画了个圆圈，人们在圆圈内可以安全地追求各自的目的而不会相互伤害。"在这里，德育企图显示促进个人和社会发展的功效。可悲的是，在市场经济与绩效主义精神下，学校德育把效率作为优先追求的目标，日益变得功利化、工具化。

第一，追求"眼前实惠"。部分人急功近利地追求德育的实效性，希望能够给自己带来金钱和荣誉。这样的德育不仅逃离了生活，而且脱离了德育的本质与初衷。

第二，要求"立竿见影"。德育实效是人品与人格的完善，无法用客观、科学、量化的标准来衡量。但实践中，人们往往要求学生上了德育课就要有转变，学了英雄就要"见行动",否则德育实效就低。

第三,陷入"唯智主义"。重考试成绩、重升学率的应试教育流弊,使德育演变成了"品德智育"课,严重制约了人的全面发展。德育实效有自身的特殊性。灵魂的纯正、精神的高雅与人格的高尚,不能用经济实效与量化标准来衡量。注重功利主义的德育倾向,从根本上抹杀了学校德育的主体性、自觉性与生命性。

(二)现代德育的发展方向

生活德育,有利于对以上知识的、政治的与功利的德育形式进行深入检讨和全面超越,使人走进一种敞开的、澄明的、融通的、朴实的、美好的、善的生活,最终使生命充盈理性的、民主的与幸福的旨趣。生活德育是现代德育走出困境,走向儿童心灵与精神世界的必要途径。

亚里士多德说:"美德有两种,即心智方面的和道德方面的。心智方面的美德的发生和发展大体上归功于教育;而道德方面的美德乃是习惯的结果。"可见,他把美德分成了知性德育和自然德育两部分。生活德育是知性德育与自然德育的完整的统一体。苏格拉底说"知识即美德",柏拉图说"知德合一"就是这个道理。

第一,以"知"奠定道德基础。"知"就是品德认知,是人们对一定社会的政治观点、思想准则、道德行为和法纪规范等观念体系的认知,以及在此基础上形成的对是非、美丑、善恶的判断与评价能力。一个人若要形成自觉而持久的道德行为习惯,由他律的道德转化为内在的自律的道德,离开了品德认知是根本办不到的。

第二,以"境"净化道德"土壤"。学校生活不同于具有弥散性、自发性与自然性特征,且"真善美"与"假丑恶"交织的日常生活世界。"用一种忽视甚至回避道德理想的崇高和神圣性的态度,一种掉落或陷入于混杂的日常生活的方式来进行德育是危险的、需要质疑的"。学校生活可以选择、改造与过滤地运用日常生活中的德育资源,使青少年儿童辨别生活世界中的"假丑恶",从而增强学生的思维力、免疫力和抵抗力。第三,以"行"确立道德机制。品德的形成是一场人生修行,是一个相当漫长而复杂的过程。它需要在学校生活中奠定根基,也需要在家庭生活与社会生活中不断完善,贯穿人的一生。生活德育统整实践的、体验的与建构的视域,贴近学生生活实际,融入更多的经验与记忆,丰富和扩展多样性德育资源,赋予真实而生机勃勃的生活趣味,使儿童在自由选择、实践与体验中,获得、改造与建构道德经验。

(四)丰富日常生活,以意义彰显人生幸福

恩格斯把追求幸福作为一种"无须加以论证的""颠扑不破的原则"。道德作为人类所特有的活动形式,表现为人的精神追求和对生活意义的把握,是对现实世界的一种超越,以此克服教育中的经济主义与绩效主义,引导人建构美好的生活,实现人的幸福。

第一,明晰人生的意义。苏格拉底所探寻的是关于什么是一种善的人类生活(幸福或

者美好生活），而孔子则着力找寻人类之"道"（"志于道"《论语·述而》），即一个人应该如何生活的正确途径，所谓"朝闻道，夕死可矣"（《论语·里仁》）。善的生活也好，人类之道也好，都是从人及其生活出发的一种存在论视域。巧合的是，苏格拉底与孔子虽然有"幸福"与"道"之不同，但实现幸福与"得道"的途径都在于德行。

第二，守德是人生意义的核心。苏格拉底将德性理解为灵魂所能呈现的最好状态，是生活的"功能"或品质。在孔子及其追随者那里，德有动词性，通"得"，即通过自己的合乎道的作为进而获得的品质，德是道在人及其生活中的体现，是道的具体化。

第三，自主是获得人生意义的方法。德育见效比较慢，它不能急于求成，脱离现实生活或在生活之外来寻找。它必须要立足"我"之存在，以及"我"之存在的现实生活而建构。所以，道德教育要引导作为道德主体的学生从自己的现实生活中回归质朴，反躬实践，顿悟众妙，创造有意义的人生，生成属于自己的幸福。

综上所述，德育需要人性的支持，这种人性不是抽象的善与恶，而是人天生固有的质朴本性。尊重与释放并永葆率真的人性，永葆"恻隐之心、辞让之心、羞辱之心、是非之心"之品质，使生命释放良知、良能与善力，就是好的德育。生活德育不排斥学校生活，并且必须有学校生活。学校生活应该是一种率性的教育生活，不需要刻意地说教、灌输，但需要对人性的召唤或唤醒，需要神圣的理性的惠顾，个体在自我的体验、确认与持衡中，心灵变得清醒、明亮与觉悟，使人保持有目标、不盲从、不放弃、不妥协的精进状态。道德作为生活的意识形态，它并不排斥政治学习，只是防止成为政治的附庸。所以，生活德育在于提升人的精神生活，其具有自为性、自由性与独立性的特点。亦即道德生活是一种自觉自为的生活，是主体意志自由和自觉选择的生活。

二、传统德育

人们常把中国传统文化称为道德核心文化，足见重道、尚德的程度。中国的重德还有其典型特色，一为重大德，以国家社稷为重；二为淡漠功利，甚至有道德与物欲相学的教育内容"一曰孝行，以亲父母；二曰友行，以尊贤良；三曰顺行，以事师长"。孔子设六艺课程以教弟子，六艺只是被视为途径，道、德、仁才是其目的。在传统伦理道德规范体系中，中国几千年的道德文化为我们提供了许多可借鉴的东西，就传统美德而言可以概括为以下这些方面。

（一）传统德育方法的现代借鉴

德育方法是实现德育目标、完成德育任务的途径和手段，是教师与学生相互影响、相互作用的媒介和桥梁。简言之，德育方法就是道德主体人格建构过程中，师生双方互动方式的总称。传统的德育方法主要包括：说服教育法、榜样示范法、实践锻炼法、修养指导法、情感陶冶法、价值澄清法等。批判地继承传统的德育方法对加强德育工作有着十分重要的作用。

1. 借鉴传统德育方法的现实意义

借鉴传统的德育方法，旨在提高德育的科学性、针对性和实效性，从而更好地实现德育目标。

（1）它有利于体现德育的科学性

古人云："事必有法，然后可成，师舍是则无以教，弟子舍是则无以学。"我们的祖先早已提出在教育过程中，有一个至关重要的"法"即方法的问题，离开了"法"，教育将无法进行。同样，德育方法的科学性，直接关系到这项工作实施的成功与否。在新形势下，有效借鉴传统的德育方法，不但有利于体现德育内容的科学性，还能增强学科之间的有效渗透，使德育工作体现出思想性和知识性的黏合，并能发挥学生的主体性和主观能动性，让学生参与德育工作的全过程，在实践中耳濡目染，提高其接受德育教育的自觉性。

（2）它有利于增强德育的针对性

在德育实践过程中，学生对教师开展德育的各种方法往往产生不同的反应。不科学的方法容易引起学生的排斥反应，使学生在排斥方法的同时也排斥教育信息。这种状况更促使我们不得不对传统德育方法进行研究以求借鉴并力求突破创新。传统德育方法重视受教育者在接受德育信息时出现的心理偏差，意识到不同的受教育者在自我意识上出现的主要矛盾和矛盾的主要方面，甚至同一个人的自我意识由于时间、地点、条件的差异也会呈现不同的状态，从而对症下药，有的放矢。孔子说："中人以上，可以语上也；中人以下，不可以语上也。"就是传统德育方法因材施教的一个很好的例子。研究分析并借鉴传统德育方法，对我们增强德育的针对性从而促使受教育者实现理想和现实的统一，有着十分重要的作用。

（3）它有利于提高德育的实效性

在社会主义市场经济条件下，德育工作要求更高、难度更大，德育的实效性亟待提高。只有站在时代的高度，研究借鉴并吸取传统德育方法的精华，以此改善当前不够成熟的德育方法，才有可能实现知识性与实践性的统一、系统性与层次性的统一、严肃性与活泼性的统一、传统性与时代性的统一、先进性与广泛性的统一、理想性与现实性的统一等，并在一定程度上解决学生现实生活中的种种矛盾，帮助学生对社会现象做出独立的、科学的价值判断，以求真正提高德育的实效性。

2. 传统德育方法在现代学校中的实际运用

古人在德育方法上的有益探索和实践，为现代学校德育方法的实际运用提供了若干启示和借鉴。

（1）多管齐下，同时注重正面引导

由于某些外部原因，很长一段时期以来，学校在德育方法上一直主要采用的是灌输法。这虽然对提高学生思想觉悟和道德水平具有一定的作用，但由于方法陈旧、简单、生硬，往往因脱离学生的思想实际、难以解决学生现实生活中的种种矛盾而引起学生的逆反心理，达不到预期的教育效果。随着市场经济的日益发展，传统道德观念也受到西方价值观的冲击，这使得我国社会在价值取向上逐渐呈现多元化趋势。这种多元化趋势要求我们不能只用单一的、低效的德育方法来传授各种重要的道德准则和文化准则。要提高德育的实效性，仅靠灌输等教育方法是不够的，因为青少年学生品德的培养，不可能只通过个别方法来实现，必定是科学地综合运用多种德育方法的结果。新形势下，我们借鉴传统的德育方法，应注意把品德教育与知识传授密切结合起来，把德育渗透到丰富多彩的校园文化活动中，使学生在不知不觉中受到教育，得到锻炼。当然，我们并不因此否认教师直接而理智地传授德育内容的作用。教师在对学生进行正面引导的时候，要注意自己的道德观要符合社会主义核心价值观的要求。总之，要提高德育的实效性，应多管齐下、多层次灵活运用各种德育方法，通过教书育人、管理育人、服务育人、环境育人，同时注重教师的正面引导，全方位、多渠道地开展德育。

（2）间接教育，全面渗透

古人在德育方面有许多做法值得我们借鉴，如寓教于乐、寓教于活动等。我们现在也应以这种观念为指导，透过隐蔽课程和结合各科渗透进行"隐形教育"，通过"通识教育"扩展学生的视野，训练其抽象与综合思考能力，使学生达到"内省外顾、高瞻远瞩"；寓教于乐，把丰富多彩的校园课外活动作为正规课程的有益补充。教师在把德育内容寓于各学科教学和日常生活的同时，还应注重讨论法和故事法的运用。讨论法，即引导学生对与他们生活密切相关的道德问题进行分析、判断。教师应把他们既是确定又是隐蔽的意图贯穿其中，不向学生提供现成的道德标准，想方设法让学生按照他们的导向"自己"作出判断。故事法主要是让学生尤其是小学生阅读或听人讲述优秀文学作品和名人故事，从中获取科学的价值观和人类美德。社会发展所需要的不仅仅是获得专门技能的人才，还有理想高远、才能全面、乐于助人、服务社会的人才。只有提倡隐形教育，重视各学科的渗透，才有助于这一目标更好的实现。

（3）提倡"养成教育"，强调道德实践

良好的品德不是单靠课堂教学所能形成的，还必须在实践中通过不断确立信念、自我修养、锻炼意志、规范行为，通过切身体验和不断总结经验教训才能形成，这也是一种"养成教育""养成教育"作为一种德育方法，研究的是在人们品德形成过程中，道德行为的养成对品德结构整体发展的意义。它使受教育者在日常生活实践中，履行道德规范，反复经受锻炼，从而养成一定的道德行为和道德习惯。在德育中实施"养成教育"符合道德认识的规律：实践是认识的基础，也是学生思想品德形成、发展的源泉。正确的道德认识源于丰富的道德实践，而"养成教育"的过程，就是道德实践的锻炼过程。它通过引导学生履行各种行为规范，经受检查、评价等来丰富他们的道德生活实践，在道德的感性经验有了一定积累的基础上，上升为对道德理性的认识。为此，我们应重视校内外各种实践活动，提供实行道德练习的机会，让学生加深对道德观念的理解。实践活动形式是多样的，既可以是有组织、有目的的活动，又可体现在学生日常生活中。课外活动也是塑造学生品德的重要途径，其内容可包括社交、体育、文娱、志愿活动等。它不仅是对课堂教学的补充和巩固，而且有助于多种素质的教育和养成，有助于学生思想品德的正确培养。当然，我们提倡"养成教育"、强调道德实践，是建立在对学生行为规范和思想认识的训练和指导的基础上的。"养成教育"作为德育的有效方法，已为中外德育实践所证明。我国应在原有的基础上切实地探索一条适合我国国情的"养成教育"的新思路，变零散的、个别的道德教育为完整的、系统的体系。

（4）教师要以身作则，为人师表

教师的形象和威严在学生心目中是具有崇高地位的，学生在潜意识里会自觉不自觉地模仿教师的言行，因此使德育贯穿于每个教师个人的所有实践活动，对学生进行潜移默化的影响，是培养学生良好习惯和高尚品德的事半功倍的方法。这就要求我们要从两方面进行不懈努力：一是教育部门要严格培养教师。培养教师的机构不但要对业务素质有着较高的要求，而且对教师个人的人品和道德风貌也要有严格要求；教师从培养教师的机构中"毕业"时要经过一套严格规范的考核，成绩优良才能参加选聘上岗。二是教师本身必须以身作则、为人师表，使自己在言谈举止、行事态度等方面都堪称榜样。总之，作为与学生相处时间较长、强有力影响学生成长过程的引路者和塑造着，教师应知道自己的一举一动、一言一行都将对学生产生深远的影响。要求学生真正实现道德实践的生活化和行动化，甚至即知即行，实现"致用"的目的，教师本身首先应该尊重生命、尊重自己、尊重他人、帮助弱者、关心幼小，热爱自己民族和国家，具有独立自主精神、责任感和合作精神意识，具有崇高的实践道德观念，具有科学的价值取向、思维方式、行为规范。简言之，教师应是实践道德原则的典范。在日常生活中，教师还应及时利用典型模范人物的感人事迹，突出宣传其主要美德，鼓励学生向他们学习。

（5）重视心理教育，培养健全人格

在现代社会中，提高德育工作的实效性还必须重视学生的心理教育，它既是德育的重要内容，又是德育的重要方法。心理教育的任务，亦即其主旨和目的，是提高学生的自我意识水平和自助能力，解决学生遇到的各种心理问题，促进学生在思想和心理上的成熟，培养学生健康的个性心理品质和健全人格。从这种教育达到的直接结果看，它是德育的内容；而从这种结果对德育的影响和制约作用看，它是德育的方法。对教育者来说，加强对学生心理问题的分析与指导，有利于提高德育的科学性和有效性；对受教育者来说，接受健康心理的培养和锻炼，有利于推动他们的社会化进程，有利于他们道德上的成长和进步。

（二）传统德育模式向新型德育模式转变性探究

德育，按照何种观点来进行，存在不同的观点。第一是大德育观，即全民德育的观点；第二是小德育观，即道德教育的观点；第三是教育界的德育观，即是对学生的思想政治品德教育。本文赞同第三种德育观点。

高中生普遍存在着思想活跃、敢于挑战、接受新鲜事物能力强等客观情况。如果我们仍旧固守传统的教育理念，不改变陈旧的教学方法，则德育工作将难以满足新时期德育的要求。

1. 传统德育模式向新型德育模式转型

社会转型时期，教育的重心也随之发生转变，这种观点的转变，势必带来教师教育理念的转变，传统的德育仅靠班主任、政教处等已经难以完成德育目标，传统德育模式势必向新型德育模式转型。体现在以下几个方面：

（1）应关注高中生的个性与个性发展

何为个性？"在哲学上，个性就是人的主体性的个体表现。主体性表现为个人在作用于客体的对象性活动中所表现出来的自觉意识、自主性、能动性、自为性等。"人的个性发展是随着社会的发展而发展，其基本内容应大体包括："人的个性的充分发挥、人的物质文化需求的不断满足、人的能力的拓展、人的自然素质的完善。"

（2）德育的价值取向应趋向于实际生活

如何将理论德育转变为生活德育、实践性德育？教师应本着生活德育、实践性德育的理念，在生活与实践中积累、感悟和提炼，并将其融入于自己的教育行为之中，要特别强调学生的真实情感、真实体验和真实的思想收获，从学生学习生活实际出发，从学生最关心的问题入手深入浅出，寓教于乐，循序渐进。

（3）应重视德育过程的对话机制

对话，顾名词义，就是人与人之间的一种语言交流，而本文引用对话是作为德育的一种存在方式。老师与学生之间的关系应当是一种我与你的关系。这种对话机制体现的是老师与学生都处于主体地位，其中还蕴含着平等、合作、尊重、理解、意会、倾听、创造等因素。

（4）德育过程中家庭与学校应形成互动机制

将家庭教育融入德育过程中来，让家长参与学校的德育活动，同时教师也应当了解家长的教育情况，这两方面形成互动机制。

2. 新德育模式的实践方式——全员育人导师制

从以上分析来看，我们必须改变传统的德育模式，转向新型德育模式，其实践方式之一便是全员育人导师制，要在普通高中阶段实践并逐渐普及这种模式，首先要认识这种模式。

（1）全员育人导师制的基本内涵

①导师与导师制的渊源

导师制，在国外，最早起源于英国，出现于英国牛津大学和剑桥大学，由导师负责指导学生的学业和品行，协助学生安排学习计划，指导他如何进行深入学习。而在国内，导师制可谓是世界首创，可以追溯到古代的私学和书院的教学方式，称为"师儒训导制"。

②全员育人导师制的内涵及理解

从两个角度来把握其内涵，一是全员育人是育人要面向全体学生，不能因对学生的好恶而对某些学生不管不顾，而应使每一层面的学生都能受到来自导师的关注与指导，让每一位学生在具体的生活情景、情感交流、合作互助的过程中不断进步，健康成长；二是全员育人是指全体在职和在岗的教师都是导师，每一位教师都是导师，每一位导师都有自己指导的学生，全面、全程负责指导学生的健康成长与发展。

全员育人，顾名思义，就是包括班主任、任课老师、政教处人员以及家长在内的教育方式，打破了以往德育工作仅有班主任与政教处负责的局面，这样就使得每位学生都能得到老师的关注，他们被重视程度的增加会对其心理产生重要影响，从而激发他们的潜质。

（2）全员育人导师制的基本维度

①全员育人导师制的理论主题

全员育人导师制的理论主题是其核心内容，那么，何为其理论主题呢？这与高中阶段性特征有很大关系，高中阶段是高中生人格形成的关键阶段，健康人格的形成是在该阶段完成与塑造的。因此，本文持有的观点是"人格是全员育人导师制的理论主题"。

②全员育人导师制的价值追求

全员育人导师制的价值追求是其精神实质，人的全面发展是我们的追求，本文持有的观点是"以人为本应是其价值追求"，这一点与新课程的基本价值取向——"为了每一个学生的发展"是一致的。

（3）全员育人导师制的基本原则

全员育人导师制的基本原则包括：一是尊重个体间的差异性原则，首先，导师应当认识到学生间是存在个体差异的，而不是千篇一律；其次，导师应当尊重学生的个体差异，并关注学生的个性成长。二是按照学生的需求进行时机引导原则，导师应当深入学生当中，了解他们的需求并结合学生的心理特征，抓住最有利的时机对学生进行引导，让他们健康发展而不至于被压制需求。三是注重学生全面性发展原则，导师不能仅仅关注学生的某一个方面或是某几个方面而忽视其他方面的良性发展。

（4）全员育人导师制的主要特点

全员育人导师制的主要特点体现在以下方面：一是主体性，导师起到主体作用，同样，学生也处于主体地位，他们的主体意识应该得到尊重与发挥。二是反思性，反思才能有所蜕变，才能升华，而我们所提的反思不是单方面的，而是全方位的。一方面，导师要对工作的实效、对学生的成长状况进行反思；另一方面，学生也要对个人的阶段性发展情况进行反思。三是个体性。

（5）全员育人导师制的实践方法

全员育人导师制的实践方法主要包括：一是以身作则，人格熏陶；二是交流谈话，心理相容；三是引导学生自我教育；四是教育与研究相结合；五是个别化指导。

三、德育教育途径研究

（一）从心开始，塑造自己

培养学生的思想道德，促使学校德育工作富有成效，教师自身的人格力量起着不可忽视的作用。正所谓"亲其师，信其道"，教师先施爱于学生，学生才能亲师、信师、尊师。为此教师要率先从心开始，塑造自己的人格。完善自身，率先垂范，引领孩子共同成长，做好育人的领路人。以自身良好的品格去引导学生就要把握好十种基本美德：智慧、公正、坚忍不拔、自我控制、爱、积极的人生态度、勤奋工作、正直、感激、谦逊。只有教师自身的修养提高了才能够培养学生的道德思想，使学校的德育工作更上一层楼。

（二）把握孩子道德发展的规律

作为教师如何用科学的方法，巧妙地进行好学校德育工作，使之成为一种平常性的行为，首先就要认识孩子道德发展的规律，在这环节上教师要学习和了解一定的理论知识，其中必须了解的内容有：

1. 孩子的道德发展过程是集认知、情感、行为诸方面相互作用、密不可分的整体发展过程。就是说孩子的道德发展过程不是某一方面单性的提高，而是认知水平的提高、情感的日渐丰富、行为的各种成熟的表现等综合性的提高。

2. 孩子道德水平大致呈阶段性上升趋势，但年龄不是绝对限制。孩子道德水平的提高是有规律可循的，大体上呈现为从无律—他律—自律—自由过程的上升阶段。

教师在给学生进行德育教育之前至少要了解上述的两个理论要点后，通过教师自身的能力、学习环境、恰当的方式进行德育教育，才能够获取更显著的成效。

（三）把握生活与道德关系

我们明白生活与道德是一种密不可分的整体性行为，我们要从两点上反思和探讨生活与道德的关系：

1. 要了解生活中道德学习的基本机制：也就是说，首先本能或善念是道德学习发生的前提，孩子的本能行为和潜意识中的善念是道德学习的基石，在生活的实践当中挖掘出孩子的善念使之转化为行为的表现是很重要的；其次，早期的行为规范养成很重要，孩子在刚入学时就通过各种引导和规章制度的约束，使其养成规范的行为。例如从坐姿、礼貌用语、听课方式、吃饭姿势等这些小的细节入手。

2. 把校园生活变成有意义的生活：即校园生活应注重儿童化，支持帮助建构多彩生活使儿童有"生活感觉"。例如校园建筑的结构、造型、颜色适应儿童的美感；校园要有适应儿童的生活、娱乐交往的空间和氛围等，使儿童有文化自立感、生活投入感、自我效能感和人际悦纳感。充分体会校园生活的意义。

（四）德育不是一门单独的课程

很多学生，甚至很多教师都误解为德育就是思想品德，认为思想品德课就是学校德育工作。其实不然，我们不能够把学校德育以一种专门的一门课程来理解，它应该渗透在各门课程的教学当中，教师应该在备课、教学的过程中尽量地挖掘出课程中的德育思想，引导学生理解和付诸行动。根据内容提出真实的范例来给学生进行道德陶冶。

总之，天下难事必做于易，天下大事必做于细。又有人说100减去1是等于0还是99不是一个数学问题。的确很多时候我们太注重大的方向、华丽的形式，却忽略了最基础、最根本、最真实的细节。所以我们要提高认识，从细节做起，结合实际展开学校的德育工作。努力把学生培养为具有好的品德习惯、积极的人生态度、较为宽阔的知识面和浓厚的学习兴趣，以及有积极的、比较灵活的思维能力、工作能力和活动能力的有用人才；培养为性格开朗、能与人合作的乐观的人；培养为在10年、20年后仍然能立足社会、服务社会的国之栋梁。

第二节　德育发展的内涵

在对青少年进行教育的一切活动中，培养他们成为品德良好的一代新人，当放置于首要地位。良好品德首要前提是圆满的人格，因而人格教育应是道德教育的重要的基础组成部分。人格教育古已有之，作为启蒙教育的《三字经》这样叙述："玉不琢，不成器，人不学，不知义"。那么我们就应该摒除学校德育功利化目的，通过人格教育扭转人的不良倾向，转变人的道德观念，从而成功地完成对人的培养任务。人格应是思想、品德、情感的统一表现，这三者和谐的统一，就是圆满健全的人格，因而对真、善、美的追求，缺一不可。这就是说，所谓人格是人们在社会生活中以自己的言、行、情、态体现的对真、善、美追求和达到的程度，并且被别人感知，受到社会准则的定位。例如，当某人遇险，有人挺身而出营救、相助，人们称之为高尚；有人则扬长而去，人们斥之卑下。为集体为国家勤勉工作，分毫必争，社会评价为优秀；为个人和小家无孔不入，无利不图，社会评价为自私。这是当今社会的人格内容之一。作为人格教育主渠道的学校，有责任开展多方面的教育活动来培养学生的圆满人格，决不只限于笼统地提出思想教育，而应该在提高学生人格素质的基础上，去谈思想进步、政治信仰、爱国主义等。而人格素质的基本构成是这样的一个特征：适应社会、有强烈的责任感、忠诚履行社会责任、自觉遵守社会规范、维护社会风尚，也就是人们常说的让学生学会"做人"，学会做一个社会的人，摒除功利目的，在校园里创建一种追求真、善、美的环境氛围。

一、德育内涵

美国教育学家杜威（J.Dewey）的教育实用主义思想也给隐性教育提供了理论支持。正如杜威所说："每一门学科，每一种教学方法，学校的每一个偶发事件都孕育着培养道德的可能性。"20世纪初，他提出了"附带学习"这一术语。杜威认为，附带学习可能比学校中有关阅读、地理、历史等的学习更重要，因为它可以培养学生面对未来生活最根本的态度。后来杜威的学生克伯屈（W.Kilpatrick）进一步提出了"伴随学习"的术语，他认为，"伴随学习"就是学生在正式学习过程中对态度、理想、感情和兴趣的习得。无论是缄默知识理论的提出，还是内隐认知领域的发现，或是杜威的附带学习思想以及克伯屈的"伴随学习"理论，都在为隐性教育的"芙蓉出水"给予理论准备，提供思想渊源，从另一个方面也解释了隐性教育下的德育教育内涵。

（一）德育的生活性

教育就是生活。杜威曾说："只有当我们依据与学校活动有关的社会活动这一更大的范围来阐述学校活动时，我们才能判断道德上的意义和标准。"陶行知也说道："教育的根本意义就是生活之变化。生活无时不变即生活无时不有教育的意义……到处是生活，即到处是教育；整个的社会是生活的场所，亦即教育之场所。"在教育生活化的大前提下，德育的生活化首先体现在德育的实践性上。亚里士多德将"学"分为两类：学知识、学技能与美德。其中技能与美德是需要进行训练式教学的。

其次体现在德育的情景性上。杜威说过："所谓人生活在世界上，具体地说，就是生活在一连串的情境之中。"英国学校德育专家彼得·麦克菲尔（P.Mephail）及其同事昂戈德·托马斯（J.Un-goed-Thomas）、查普曼（H.Chapman）首创了体谅模式，并提出了基本假设：满足学生与人友好相处的需要是教育的首要职责；道德教育重在引导学生学会关心；角色尝试有助于发展青少年敏感而成熟的人际意识和社会行为；教育就是要学生学会关心。在这些基本假设的前提下，它重视为学生创造各种道德情境，让学生设身处地，学会体谅与关心。学生在各种情境下对不同的道德冲突，不道德与道德行为的区分与理解将会更加深刻。

（二）德育的情感性

亚里士多德曾经指出："美德不仅与行为有关，而且与感受有关。"举例来说，两个人都对一个乞丐施舍，一个是因为乞丐的纠缠，不得已作了施舍；一个是从发自心底的对乞丐的同情所以施舍。两者都有道德上的行为发生，但是前者较之后者，却缺乏了"同情感"。那么我们怎么评价这两者的道德水平呢？转化到德育上就是这样一个问题："我们如何教孩子自愿地发自内心地去做该做的事情？"所以，如果德育仅仅停留于规范学生的行为，而忽略求得学生的内心认同，没有这种情感的共鸣学生很快将他们不同意甚至不屑的道德规则抛弃，继续保留自己非道德的价值观，做出不道德的行为。隐性教育强调的就是对学生的内隐认知的挖掘，对学生微小心理活动的捕捉，以此来实现对学生的道德感情教育。

（三）德育的人文关怀性

苏霍姆林斯基倡导人道主义教育，他强调儿童从出生到长大成人前这一阶段，需要在良好的情境中惬意地活动。道德教育的目的就在于使道德知识向道德信仰，再向道德行为转化，使得每一个人都成为有道德的人，提升每个人与整个社会的幸福感。所以德育不是"冷冰冰"的教育，它充满了人文关怀。这需要隐性教育发挥作用，在温馨的氛围中改变与提升学生道德。

（四）德育的传统性与时代性

中华民族的传统美德强调整体至上、克己奉公的社会责任感与使命感。强调"仁者爱人"，强调"自强不息""厚德载物"，强调"修身自律，躬行实践"。传统道德对一个国家整体道德的浸润是缓慢、深远又持久的，它不仅影响一个社会的道德水平和道德意识，还影响着每一个人的道德构成。但是应该将道德置于历史的发展角度中，所以这个道德体系也是需要不断剔除传统道德中的"糟粕"，吸收现时时代中的"精华"，只有这样，整个社会的道德水平才不会停滞或是倒退。隐性教育也就隐藏在"摒弃"与"吸收"的不断交换中。德育如何做到两者的和谐就显出微妙了。

（五）德育的文化性

"道德教育所秉持的核心价值观念，以及这种价值观念的合理性，只能在一定的文化母体中才能找到依据。"文化对德育的影响是核心价值观的影响，德育的价值观一旦改变，道德教育的整个体系也会改变，学生的个人价值也会围绕着整个核心价值观不着痕迹地发生改变。德育的微妙性就在文化的浸润中。"物质文化，制度文化，精神文化分别具有不同的道德教育功能，但在通常情况下，文化因素是以文化模式的方式形成文化合力，进而影响人的道德品质形成，文化也因此而成为道德教育的主体。"隐性教育也包括文化对德育的影响，它注重从整个精神层面上对德育的影响。

第三节　德育发展的特点

个性化是现代德育工作的一种趋势。对德育个性化，不同的人有不同的理解。它的主要内容应该是：从人性出发，从人的生存状态出发培养人的德性。任何教育都应该回到这一基础上来，人性本原怎样，就应该怎样设计教育，这是教育改革的永恒基础，也应该成为我国德育深化改革的一种必然选择。德育个性化就是在实施德育教育过程中尊重人的本性，满足人的个体需要，挖掘人的潜能，促进人格的完善和全面发展，使外化的教育与内化提高融为一体。

一、德育个性化

（一）尊重个体差异，以培养健全人格为德育目标

德育在培养大学生共性的同时，要尊重大学生的兴趣爱好和独立选择，促成人的全面发展，培养健全的人格是德育的根本目的。做好德育工作，要采取辩证的、全面的和发展的观点，既要看到缺点，又要看到优点；既要看到整体，又要看到局部；既要看到现在，又要看到未来。

（二）以人为本的德育观念

德育必须以人为中心，尊重大学生的权力，尊重大学生的独立人格，注重教育对象的现实需要。把人的完善和发展作为德育的目标和规范行为的标准，确立大学生在德育过程中的主体地位。

（三）采用民主平等的德育方式

在教育者和教育对象之间，个性化的德育提倡建立一种民主、平等的新型关系。教育者一般采取中性的教育立场，以"促进者"和"引导者"的身份面对教育对象，在理解、尊重、引导、感化教育对象中达到德育的目的。

二、特点

德育个性化的思想主要来源于人本主义思潮，德育个性化在中国传统中也有其古老的根源。春秋时期，孔子强调因材施教，强调根据学生的个性特点有针对性地进行教育。孟子继承和发展了孔子因材施教的原则和方法，德育个性化，就是一切以人为中心，一切为了人。德育个性化这个展示人格主体的自我意识和独立人格的自觉理念，具有以下丰富的思想文化特点。

（一）体现"以人为本"的原则

以人为本，就是要重视人的本性，肯定人的作用与价值。只有立足于以人为本，才能一切从人出发，尊重人、理解人和关心人，充分调动和激发教育对象的积极性和创造性，以实现人的全面发展。在实施德育个性化的过程中，大学生的需求、属性、心理、情趣、信念、素质、价值等一系列与大学生有关的问题，都应成为教育者关注的重要问题。关注人的个性、正视人的个性的客观存在，彰显大学生在其自身发展中的主体地位，体现对每一个人的尊重和肯定。个性教育切合以人为本的德育理念，它将德育和人的幸福、自由、尊严和价值联系起来，以全面发展的视野培养全面发展的人。

教师是学生成长的引路人。在许多学生心目中，教师是道德的化身，他们把教师作为

学习的榜样，老师的一言一行，都会对学生产生影响，所以，教师道德素质比教师文化素质更为重要。我们一定要在学识学风、思想政治、道德品质等方面全面以身作则，自觉率先垂范。要把学生培养成为品德高尚的人，教师就必须具备高尚的人格和品德，并以此去教育、影响学生，帮助学生树立正确的人生观、价值观，从而使其成为一个有公民意识、有良好品行、有真善美的人。

班主任与学生的接触要比一般教师多得多，示范性也比一般教师大得多。学生良好品德的养成不是一朝一夕的，要经过长时间的坚持。所以，班主任干什么事，都要持之以恒，坚持不懈，积极进取。我在教育学生的时候，要求学生做的，自己一定要做到；禁止学生做的，自己坚决不做，在行动上为学生做出表率。孔子云：己所不欲，勿施于人。做好自己，就是对学生最好的德育。

（二）加快角色转换，建立新型平等互动的师生关系

知识的时代，知识更新和信息增长的速度越来越快，学生掌握的信息量也会越来越多。教师已不是知识信息的独享者。教师的角色定位应是导引者和领路人。德育的重要职能是育德，是教学生做人。教师要成为学生总体行为的参与人，应在德育实践中指导学生学会做人，学会生存。在实施德育个性化的过程中，德育教师和学生之间需要建立一种新型的民主、平等和互动的关系，要将传统的居高临下、师道尊严的师生关系进行转化。平等关系为双向互动的关系，教师和学生在人格尊严上是平等的，都是具有独立人格的主体。教学相长、共同提高。这为德育营造了良好的条件，可以提高大学生在德育过程中的自主性与参与程度，使他们更具主动性和创造性。

德育教师和大学生的地位在一定条件下是可以相互转化的。在强调德育教师在教育过程中的主导作用的同时，也应强调大学生的主体地位，德育教师必须把学生视为能动的教育主体，将教育的重心放在学生主体意识的激发上，不断为学生自我教育提供机会，大学生既是受尊重的主体，也是受教育的客体。德育教师必须尊重大学生，引导他们懂得对自我做出正确的评价，围绕着调动他们的主动性、积极性和创造性进行道德教育。

（三）强化德育的"人情味"

"'人情味'是基于个体自然本性而表现出来的社会性气质，具有明显的个体差异"。人作为情感丰富的感性群体，相互的交往会表现出丰富的人情味。

人情味，源自人性之中最温情的一面，是人与人之间真挚情感的自然流露，是一种给人以爱与关怀的奇妙感觉，是一种由内而外感染他人的个性魅力，是一股可以温暖人心的精神。德育个性化应该重视人文关怀，体现"人情味"，德育工作必须根植于现实生活和学生个体。德育个性化必须关注学生的生活世界，将"人情味"渗透到学生的生活中，在学生内心世界的价值冲突中，才真正蕴藏宝贵的教育时机，才能真正挖掘学生道德人格发生变化的宝贵时机。德育教师必须以高度的责任感和满腔的热情对待大学生，在思想、学

习和工作上有针对性地关心大学生,与大学生形成相互理解和信任的关系,加强德育的针对性,解决大学生的实际问题。

德育的个性化对学生的人文关怀,德育的个性化所体现的"人情味",对学生不是放纵,更不是包揽。强化德育的人情味也不是贬低德育的价值,狭隘的人情会导致大学生的自立能力、承受挫折能力下降。适宜的人文关怀,会更促进德育工作的开展,人情所彰显的是德育的更高境界。因此,德育必须从尊重大学生、关心大学生出发,理解大学生的需要和本能、欲望和冲动的合理性,构筑与大学生之间的情感桥梁,展示出德育的真实魅力,让德育人情味所产生的力量转化为大学生内心的自觉性和驱动力,从而产生更大的创造力。

三、优化策略

(一)根据学生之间的差异进行分组

教学时,教师应该根据教学目标和学生学习的需要,针对每一个学生的学习的基础情况,把一个班的学生分成几个学习小组,可以对每个小组都起一个不同的名字,来激发学生的学习兴趣。最为重要的就是教师应该对每个学生的学习情况都有相对清楚地了解,进而可以充分地调整小组的分配情况。并且课堂的教学目标要细化到每个学习小组,以及每个学生,从而可以避免教师进行课堂教学的时候存在一定的随意性、单一性以及模糊性,使得教学目标能够得到相对的明确化。

(二)依照学生之间的差异制定教学目标

教学目标是教学活动实施的时候所要遵循的方向以及教学活动结束后所达成的结果,是教师进行教学活动的出发点和终点。每个学生都有自己的个性差异,所以教师在设定教学目标的时候也要尊重学生的个性差异,有针对性地设计教学目标。比如,教师在进行思想品德的提问的时候,对成绩相对较好的同学可以提出来一些相对复杂的问题,而对那些学习较差的学生,教师可以提问一些比较简单的问题。还有一些需要背诵的内容,喜欢背诵的学生可以静下心好好背书,而那些难以沉入背书环境的学生可以对其改变策略,采用一些相对有趣的方法来提升学生的学习兴趣。

(三)针对学生之间的差异精心设计教学活动

教师应该针对学生的学习情况精心地设计适合每一个学生的教学活动。我们都知道这样一个现象,对于同一个学习内容,有的学生完成学习任务的速度比较快,而有的学生的学习进度则相对较为缓慢。那些完成任务较为迅速的学生如果完成了学习任务则会无所事事,而那些完成学习任务较为缓慢的学生则花费很多时间来完成自己的任务,耽误了学习进度。因此,教师非常有必要把学习进度较快的学生的这些空闲时间留下来,给他们设计一些新的教学活动,比如预习课文,或者读一些与课本相关的学习内容。教师也可以根据学生的学习速度,设计不同的教学活动,合理地运用时间。

(四)根据学生之间的差异布置学习任务

教师可以布置多种可以让学生选择的作业和练习方式。我们可以把练习和学生的作业分成三个层次,分别为基础作业和练习,提高作业,和拔尖的作业与练习方式。每一个学生应该根据自己的学习情况,结合自己的学习时间来选择自己想要的作业和练习方式。在每一个作业的批改的过程中,教师可以对做拔尖题的中等的学生进行一倍加分,对做那些提高题学习困难的学生的进行一倍加分,如果提高题做对了的话可以进行二倍加分。学生如果做错了题目则不进行加分评分,如果能够弄清楚题目的来源,然后再次进行评分。就这样,学生根据不同的分数,切实的经过自身的努力,能够真正地沉入到学习中去。

学生是处于发展过程中的人,一方面有巨大的发展潜能,另一方面又有成长中的烦恼与疑惑。他们有着独特的内心世界和精神生活,有着不同于成人的观察、思考和解决问题的方式。在纷繁复杂的今天,社会上出现了诸如浮躁、冷漠、信仰金钱与权力等各类道德问题,别说学生,老师也深受影响,出现精神迷茫甚至道德丧失的个别事件。当今中学生正处在一个特殊的年龄阶段,思想复杂、好奇模仿、偏激极端是他们的特点。学生最终是要走向社会的,所以,对学生最好的德育不是说教、抑制,而是顺势促进学生自主发展,引导他们自我导向、自我激励、自我监控、自主选择、自主判断、自主建构,最终形成比较稳定的健全的人格。平时,我们的工作不但着眼于学生"成才",更要侧重于教学生如何"做人"。幸甚我是一个性格安静的人,任凭社会如何纷扰变幻,内心始终坚守一方净土,有着自己的做人准则,并以此引导、激励学生,帮助他们克服浮躁、攀比心理,提高文化修养与道德品质,提高自我完善的能力,最终树立正确的人生观、价值观,为将来走出社会,成为一个讲文明的人,一个有道德的人,一个幸福的人,打下夯实的基础。

第四节 德育发展的目标与任务

"德育"一词自 20 世纪初传入我国后,对它的研究就没有停止过。从古代德育到现代德育,从德育理念到德育实效,从西方的德育理论到其对我国的启示,等等。德育目标也是德育理论研究中的一个重要的课题。自建立以来,其合理问题就一直在讨论中。学者们依据自己的见解提出了不同的看法。有的甚至是相对立的观点。鉴于此,就有必要对德育目标的研究进行一次全面的梳理,展现已有的研究成果,同时提出争论的焦点问题,以期有助于对德育目标的进一步研究。

一、德育目标内涵的界定

德育目标是德育理论的一个重要范畴。恩格斯说:"在社会历史领域内进行活动的人,全是具有意识的、经过思虑或凭激情行动的、追求某种目的的人；任何事情的发生都不是没有意图，没有预期的目的的。"这足以看出，德育目标具有前瞻性，为德育实践活动指引着方向，是德育活动的出发点和归宿点。对德育目标含义的理解，总结而言，学术界有两类观点。

第一类观点认为德育目标是对受教育者品德方面的规格要求，比如，胡厚福在《德育学原理》中，班华在《现代德育论》中，储培君在《德育论》中，鲁洁、王逢贤在《德育新论》中，都是从受教育者品德形成的角度去定义的。其中，比较有代表性的，并且在德育界有共识的是鲁洁、王逢贤的观点，即"所谓德育目标，就是指一定社会对教育所要造就的社会个体在品德方面的质量规格总的设想或规定。也就是说，在进行德育之前，人们对于把受教育者培养成具有何种品德的人，在观念中所具有的某种预期的结果或理想的形象。"

第二类观点是从德育哲学的角度出发，认为从德育哲学的角度看，德育目标是属于德育价值论的范畴。学者张澍军在《德育哲学引论》中提出，"将德育目标置于德育价值的领域中进行考察，并不是人为地牵强附会，而是德育目标本身的要求"。根据张澍军的观点，"从德育价值论来看，德育目标无疑是观念中设计的未来德育行为的理想结果，但是因为要受到一定社会历史条件的制约，所以准确地说，德育目标只能是一定社会现实背景下的德育价值理想的凝结状。"

笔者认为，不管是从受教育者品德形成的角度还是德育哲学的角度，都只是把德育目标看成是一个最终的结果，是从国家教育部门下达到学校的一个文本。而德育目标的实现需要一个过程，如果把德育目标仅仅看成是一个结果或者是为了追求这个结果而急功近利或牵强附会，必然会造成许多的问题。因此，笔者认为应该从德育目标实现的过程的角度去定义，即：德育目标是通过学校共同体及外部力量的努力，系统地分析社会对学生个体在品德方面的要求及学生个体道德发展水平，创造条件，逐层发展，最终实现对学生品德方面预期的理想形象。

二、我国德育目标研究现状

"德育目标"这个概念是在20世纪80年代中后期才在我国逐渐使用起来的，在以往的有关教育的论著和文献中，一般只讲"德育任务"，不过当前已广泛使用"德育目标"这一术语。在笔者所查阅的著作和期刊等文献中，从1989年到2009年，国内对学校德育目标的研究主要体现在德育目标依据、德育目标分层、德育目标趋势、中外德育目标比较、德育目标问题与对策等方面，关注的核心主要有以下几个方面。

德育目标分层研究主要是指德育目标的层次和序列的问题。德育目标层次可以从两个角度来理解，其一是从德育总目标到具体可操作的目标体现出的分层；其二是指同一目标，在不同的学段，具有高低不同的要求，作为符合学生身心发展特点的标准。而在同一目标的不同层次中，低年级的目标是高年级目标的基础和依据，以此形成的一个承前启后的体系，则为德育目标的序列。已有的研究可以分为两类：一类是关于德育目标分层的理论研究，这是一种事实描述，论述了划分德育目标层次和序列的依据。德育目标序列化的设计，即在具体可操作化的德育目标指导下，在中小学德育活动中，构建高低不同的、承前启后的目标序列。一类是结合德育目标的实施，对德育目标分层所做的价值判断。当前我国德育目标已经注意到了层次问题，如1988年关于德育的文件中，把对全体学生的普遍要求和对其中优秀分子的要求区别开来，在1995年《中小学德育大纲》中，也分别对小学、初中、高中的德育目标作了规定；因此要规划和制定大、中、小学一体化的德育大纲，根据学生心理特征、理解力、接受力的不同，以及其道德水平发展由低至高的过程，构建一个相互衔接的德育体系。

三、我国德育目标研究存在的问题

（一）在研究理念上，存在着两种理论的争论

德育目标研究中两种争论的研究理念是德育"超越论"和"适应论"。

鲁洁认为，教育是指向未来的。从这个意义上说，教育的任何组成部分都具有超越现实的本性。因此，超越也应该是德育的本性。在这方面，鲁洁教授作了一系列的探索。1996年初，她在《论教育之适应与超越》一文中，详细地分析了教育的超越性本质。在2008年从人的发展的角度，鲁洁先生进一步提出，人是在自我超越中不断生成和发展的，教育的作用更为重要的是它要使人怀有一个更为完善之"我"的形象，并以此来期待自己。

学者胡河宁也提出，人的自我超越是人生的永恒追求。每一个时代，每一个社会的人，都在以其自己的方式追求着人的自我超越：或者是宗教的超越，或者是现实的超越。而个人的自我超越的基本内容便是道德的超越。

德育适应论认为，道德教育要适应社会，要受到社会现实的限制和规定，而这种限制和规定表现在德育目的上就是要"使人具有时代的规定性"。对学校德育来说，适应时代，适应社会就意味着要促进"现实社会道德规范的个体内化"，使学生掌握为社会、时代所认可的道德观念和行为规范，"教会学生过现实的道德生活"，即世俗的生活。

综上，我们可以发现，德育目标的研究理念一直存在着争执，各方学者都有自己的见解，无法统一。这样，在制定德育目标时必然会产生困惑，是坚持"超越论"还是"适应论"？哪种理论更适合我国实际？或者我们可以将二者融合？这些都是有待解决的问题。

（二）研究内容上，有些问题研究不够深入

德育目标分层问题。笔者认为，之所以存在争论，症结在于对德育目标层次的内涵没有清晰统一的认识，学者们依据的只是自己对该概念的理解，多数赞同的是第二种观点，即认为指是的同一德育目标在不同学段的高低不同的要求。由于忽视了如何将抽象的德育

目标转化为具体可操作的德育目标的过程，以致学生只有道德意识，而无道德行为，这就涉及学生如何将德育要求内化为自身行为的问题。在国内，针对德育目标本身结构和学生内化问题的研究相对缺乏。

德育目标过高问题。当前对该问题两种争论的研究主要集中于对德育目标文本的研究，而忽略对德育目标实施中深层问题的研究。陈桂生教授在其著作中提出"真实的德育目标隐在人们的德育观念中，隐在对学生的期待中，隐在德育实施中，隐在对德育实施的评价中"，可见德育目标过高问题，不仅仅是德育目标文本的问题，更为重要的是要研究德育实施中真实的德育目标问题。另外，道德底线教育与理想人格教育是不是不可调和的矛盾，如果不是，该怎样将二者融合在德育目标实施中，这也是需要进一步研究。

德育目标的社会本位倾向问题。德育目标在一定程度上也反映着社会对个体品德方面的要求，因此德育目标要关注社会的利益，这是毋庸置疑的，重要的是不能完全忽略学生的地位和要求。因此，如何使德育目标兼顾国家、社会、个人的利益和需求，实现德育的有效性也是要进一步探讨的问题。

（三）研究方法单一

当前对德育目标的研究，主要采用的是一种文献研究的方法。虽然这种方法有利于对德育目标的发展有一个清晰的认识，但是却无法了解德育目标的具体实施效果，也无法真正解决当前德育存在的实际问题。正如有学者提出"如果一味强调德育的必要性，而不研究德育的可能性，如果热衷于德育目标的议论，而忽视有关德育的实证调查与可行性研究，长期存在的'德育目标过高'现象将难以改变，整个德育状况也难望改观"。可见，单一的研究方法很难改善我国实际的德育状况。

四、我国德育目标研究的展望

基于以上德育目标研究中存在的问题，要促进德育目标研究的发展，从而制定出合理的德育目标，笔者认为我们需要从以下几个方面努力：

（一）研究理念上，坚持在适应中超越

"超越论"和"适应论"这两种观点都有其存在的合理性。鲁洁先生在其著作中也认为，道德教育是一种精神活动，它是要受物质的、现实的生活制约的。事实上，从德育超越论的论述来看，其实德育超越论本身并没有认为"适应"本身是错误的，而是在批判现在的德育只有"适应"，没有"超越"，而且，是一种"病态适应"，这是违反教育本质的。而德育适应论者则认为"适应"就是教育的本质，但是适应论者也没有直接否认德育的超越性。

既然适应性和超越性都有其存在的合理性，我们就不能把二者对立起来，而应该力求找到它们的切合点。超越性是建立在适应性基础之上的，因此，我们在制定德育目标时，

首先要坚持德育目标适应社会和学生个体的需要，然后再提出更高的要求，以实现更高的理想。

（二）研究内容和方法上，与实践相结合，解决面临的矛盾

1. 深化研究内容

明确德育目标分层的真正内涵，制定可操作性的德育目标序列，以利于学生将其内化为自身的品德观念和行为。也就是说在不同的年龄阶段，要有其相应的德育要求，同时要衔接自然和紧密，以建构紧密衔接的大中小学德育目标体系。如有学者提出"根据系统论的原理把德育的要素结构和层次结构划分出来，依据各个年龄阶段学生心理特点及其形成发展规律，由低到高、由浅入深、由近及远、由具体到抽象，由感性到理性，螺旋式上升规划出从小学一年级到大学毕业，每一个年级的德育内容。"进一步研究传统德育文化对当前德育目标的影响，关注德育实施中真实的德育目标。关于道德底线和高标的融合问题，笔者认为，面对多元文化和价值观以及种种突破道德底线的行为，有必要首先加强道德底线教育，在这基础上再考虑高标准的要求。即从底线入手，时刻关注高标教育，始终贯穿个体精神，培养健全的现代公民。

2. 完善研究方法

除了目前普遍运用的文献研究法之外，为了使德育目标更具可行性，需要采用实证研究方法，如通过问卷和访谈，深入了解不同的利益关系主体对德育目标的理解和看法，德育目标实施中存在的问题及深层次的原因，为问题的解决提供全面的资料和数据。

通过对德育目标研究的梳理，我们可以了解当前德育目标研究的主题，在这些研究中还存在哪些需要进一步完善的问题，以及德育目标未来研究的方向。可以看出，我国德育目标的研究已经取得一些成就，但是缺少与实践结合的研究，而在实践中，也往往发生与理论相矛盾的方面，这就需要我们对它作进一步的探索，以期找到更完善的理论，来指导德育目标的制定和实施。

五、德育任务

德育的任务旨在通过思想品德教育，使学生思想品德的发展达到一定的基本要求和规格。而人的道德品质是在社会生活过程中形成并发展的，且只有在一定的心理发展水平上才会出现，当一个人出现了本人的观点、态度，个人的要求、评价，换言之，即出现了内心环境，内心对自己的要求、内心的监督和控制，此后人才能够根据他所掌握的道德准则和信念来活动，并保持相对的稳定性和独立性，这样每个人便具有了道德品质，而且任何品质都依赖于个性倾向性，道德品质自然也不例外。一个人要树立崇高的道德理想，形成良好的道德品质，首先就要树立科学的世界观，正确解决人生观问题。同时，人的性格、气质、能力等个性心理特征系统对品德的形成也有一定的作用，尤其是性格与品德有相当

多的重叠部分。而学生的个性的发展和完善是学校心理健康教育任务的一个重要组成部分，所以，心理健康教育首先为德育的开展起到了基础和促进作用。同时，心理健康教育中的认知、情感、意志过程的教育，也对学生形成道德认识、道德情感并最终形成道德行为具有重要影响。总之，心理因素作为内在条件是品德形成的内因，教育作为外在影响是品德形成的外因，外因通过内因才能起作用。不了解这一点就永远不会搞清楚，在同一教育环境中为什么有人品德高尚，有人品德则不良。当然，当某一品德一旦形成，它又将影响人的个性发展和整个心理面貌。思想品德问题和心理问题是相互联系、相互影响的。

学科教学中的德育，重在渗透。在小学教学中，教师应依据教材捕捉德育因素，通过融合、渗透的方法，采用形式多样的教学手段，组织多种形式的"以学生为主体、以任务为中心和以活动为方式"的教学活动，丰富德育内容，做到寓德育于语言教学之中，做到思想性和功能性的统一，促进学生认知的发展、情感的陶冶、身心的健康。通过任务教学，构建一个美好的精神乐园，给予孩子们一种美的享受、爱的熏陶，让他们尽情地采撷丰富多彩的知识之花。

在心理健康教育和德育的关系上，有必要提及的是，由于我国的教育目标中长期以来缺乏心理健康教育内容，致使许多教育工作者对德育与心理健康教育产生混淆，把大量有心理问题的学生当作思想态度、认识有问题来处理，导致学生的身心健康受到严重影响。心理健康教育与德育的共同目标是育人，但德育是关系培养人才成长方向的教育，心理健康教育是以提高人的心理素质为目标，遵循心理发展的普遍的规律性教育。在现实教育中，不能将二者等同，更不能互相替代。我们要尽快走出重德育，轻心理健康教育，重思想纪律，忽视良好个性培养的教育误区，把心理健康教育纳入学校教育工作日程，并当作一项重要任务下大力气去抓。

第六章　中小学德育教育理论

第一节　教育与德育的关系

"德育"是教育的一个有机组成部分。德育目的是教育的流动目的之一，不能将其对象化，需要依赖于固定目的而实现。所有教师都有实施德育的任务。德育的实施离不开学校教育内容，但又不属于哪一门课程，它的目的的实现有赖于以教育内容为中介和前提的师生、生生、师师等相互关系的展开。

一、道德教育则是教育的一个有机组成部分

"德育"就是道德教育，如果将"法律教育""政治教育""思想教育""环保教育"，甚至"性教育"等纳入"德育"，会造成一些不必要的混乱和麻烦：德育概念的泛化，德育地位的异变，德育方式的偏颇等。教育"是人们尝试持续在任何一方面改善他人心理素质结构，或者保留其心理素质结构中有价值的部分，或者避免不良心理素质形成的行动"。相应地，"道德教育"就是通过教育形成或者改善个体品德素质，让个体成为"有道德"的人。在杜威看来，"教育即生活"，教育与个体生活具有先天的血缘关系。而道德则是生活的"构成性因素"，不能脱离生活存在，生活也不能离开道德进行。可以看出，成为有道德的人是教育的重要的目的之一，道德教育则是教育的一个有机组成部分。

在我国教育的发展过程中，出现过把教育等同于道德教育的现象。如在古代，教育在很大程度上被等同于道德教育；在近代和现代则又有把德育空虚化的倾向，名义上给德育一定的地位，而在落实中不是用意识形态的东西来替代德育，就是把德育完全流放到边缘地带。对于这种情况，虽然已有不少学者进行过反思，但是仍有进一步厘清德育与教育之关系的必要。

二、德育属于教育目的之中的"流动目的"部分

从教育目的看，培养"有道德"的人是教育的应有之义。在这里最容易犯的一个错误就是：在制定教育目的时，一般都能通盘考虑着眼于完整的人的培养；而在具体实施这一目的的过程中，则往往会把该目的分割成一些独立的部分，而对这些独立部分之间的关系

又缺乏恰当的处理。在古代，把教育等同于道德教育，只注重个人品德的发展，而轻视其他方面，教育成了国家意识形态的代言人，"目中无人"；当今的教育似乎走上了相反的道路：只重视科学技术为核心的知识技能的获得，而把道德品质培养流放到了边缘地带。道德是生活的一个"构成性"因素，离开生活无以存在。而生活也离不开道德，离开了道德生活就会枯萎。因此，如果教育只重视智育，只看重科学知识的价值而无视道德教育，就会出现一些精神器官不协调者，正如一四肢极大而躯干极小之人。

学校教育在把社会对教育的要求逐级内化的过程中，也把教育目的进行一次次的分解，最终落实在教育教学活动中，体现在受教育个体的发展上。而在一次次分解的过程中，需要区分两种不同的目的。一种是"固定目的"，另一种是"流动目的""固定目的"指那些在特定时段、可以用确定的内容来完成的方面，比如各类科学素养、动作技能等。这种教育目的更多的是对个体的物质生活进行把握和谋划。"流动目的"则是指那些伴随着生活本身的流动而不断变化、生成着的目的，它并不固定在人生的某一时段，也没有一个确定的最终状态，很难用特定的内容来形成，只能通过每个人的经历独立地实现。这类目的更多指向于人的精神生活，指向于人的意义世界。这两类目的是互相结合的，尽管可以分开来认识，但在实际教育中却是不容分割的。如果把教育目的比喻成一辆车的话，"流动目的"可以说是车的方向盘，指引着所要开往的方向，但它不能离开车身而独自起作用；"固定目的"则好比是车身，载着方向盘，而自身却不能抛开方向盘而前进到某个地方。德育更多地属于教育目的之中的"流动目的"部分，尽管也包括具有"固定目的"性质的、相对确定的规范教育在内，但它的主要内容是要对人生的意义和价值做出说明，并促使其实现。在实际教育中，存在着简单、机械地把教育目的肢解的做法，将其分割成德、智、体、美、劳等方面，这种做法常常导致产生许多没有"方向盘"的"车体"和没有"车体"的"方向盘"。因此，在把教育目的进行分解时，通常只宜把"固定目的"进行分解，而"流动目的"则应附着于每一个"固定目的"上。这样"固定目的"才能有的放矢，而"流动目的"也不至于盲目泛空。

三、德育作用的发挥依靠教师的教育

教师是教育目的能否实现的关键性因素。教师的工作在很大程度上可以说是以道德教育为纲的。首先，德育是全体教师共同的责任。有些学校设置专门的德育工作部门和配备专职的德育工作者，将德育工作化，忽略了其他教师在德育中的作用。这种做法严重地影响了学校德育目的的实现。其次，德育作用的发挥依靠每一个教师真实、真诚地对待学生。杜威曾经说过："不能有两套伦理原则，一套是为校内生活的，一套是为校外生活的。因为行为是一致的，所以行为的原则也是一致的。"教师如果搞"两套伦理"，一方面容易使自己迷失于异己的世界，既劳累了自己，也丧失了职业的尊严与自由；另一方面则给学生一种虚假的熏陶，这种虚假的熏陶无论被学生识破与否，都对其人生有百害而无一利。

最后，教师需积极作为，不能消极避事。尽管学校教育经常与社会影响不一致，但教师必须机智地把这种矛盾转化为德育的资源和动力，要化负面影响为有教育意义的事件，开发"恶"的教育价值。

四、德育的实施离不开教育内容

教育目的的实现必须依托于一定的内容。教育内容应该包括教育者与受教育者之间相互作用的一切内容。教育者仅仅完成了学科的教学并不能保证教育任务的彻底完成。因为教育的目的不只是知识掌握，而是培养人。另外，将教育内容仅限于各学科，容易让教师形成错觉，误以为完成课堂教学就意味着教育的结束，就意味着教育目的已实现。这种对教育内容的偏狭理解，不仅会在以"应试教育"为指挥棒的当今教育中将德育排挤到边缘地带，甚至有彻底消解德育在学校中的地位的可能。德育目的不能仅仅依靠学科教学去实现，也不能通过设置专门的德育课程来达到，这就是说，德育的实施不能依靠将美德按条目编制成类似于"菜谱"式的学科，然后"插入"学习者的头脑。德育目的的实现需要广泛的内容，包括各门学科、教师道德修养、学校生活的德性等方面。

教育内容通常是经过选择的、有助于教育目的实现的。德育好比是一把筛子，把不适合于其目的实现的内容尽可能过滤掉。这就是说，学校德育目的的实现依赖于一定的内容，但不是所有的内容。在实际中，常常有一种情况是，社会上产生什么东西或流行什么内容，都一股脑儿往德育里塞。这样做一方面导致德育变质，该重视的遭忽略；另一方面也是对德育的不负责任，对教育的不负责任，对社会的不负责任。

说德育的实施离不开教育内容，并不意味着所有的教育内容本身必然包含实现德育目的的因素。有些教育内容，比如说社会课、语文课等，都不同程度地关系着德育；而有些教育内容，比如说数学、物理等，它们本身并不必然与德育相关。如果强行让本不相关或相关甚少的学科去培养"道德的个体"是很荒谬的。这些学科之所以也能成为德育实施的依托，主要是因为在这些科目的教学中，发生着活生生的师生人格之间的相互作用。道德本来就承载着调节人与人之间的关系、使人生充满意义的功能。因此，德育是在师生、生生、师师等相互作用中进行的，德育目的的实现离不开现实的人际关系。这就是德育离不开教育内容而又不能等同于教育内容的原因所在。

第二节　中小学德育现状

对目前中小学德育教育手段进行分析，指出德育教育中存在的种种不足，探询有效的德育方法，提出以培养学生幸福感和敬畏感为起点，从个人德行养成的客观规律入手，改变学生的内心世界，达到提高德育的效果。一个国家的公民道德素养，关系到一个国家的命运和前途；公民道德素质越高，社会发展的代价就越低，发展就越能持久；否则，已有的发展和繁荣也不过如过眼云烟，昙花一现。无数的历史事实都证明了这一点，一个国民道德素质低下的民族不是一个有前途的民族。

一、当前我国德育教育面临的问题

（一）重智力，轻德育

1. 传统思想的影响

从中国的传统观念角度来分析小学教育中重智育轻德育，主要源于读书的功利性。在中国古代社会，读书是提高社会地位的途径。

2. 应试教育的影响

学生从小学开始，就要不断地面临各种形式的考试。要使自己能够获得知识上的提升，就要提高学习成绩，以获得升学机会。那么在课程的设置上，就必然会偏重于应试科目，而忽视学生的品质培养。

3. 学历是步入社会的"敲门砖"

学生学习的目的是为了将来在社会上立足，提高生活质量。在这种观念影响下，"好好读书才有出路"顺理成章地成为学生学习的座右铭，从而导致过度重视学历观念在整个教育体系中所形成的恶性循环。

（二）重形式，轻内涵

一些学校提出以德育为首，培养德、智、体全面发展的学生。关于道德教育的培养目标，也有许多口号和标语；学校也会组织许多活动，希望通过活动来达到德育教育的目的，但这些活动往往只局限于办一期黑板报，写一两幅标语，热闹一阵就烟消云散了，并没有真正达到塑造学生人格、培养良好生活习惯等基本的德育教育目的。

（四）重经验，轻科学

在校园德育教育过程中，忙于应付繁重的教学或各种形式的评比，不学习，不仔细研究青少年发展的心理和生理发展特征，不考虑时代变化对青少年的影响，不关注青少年的思想行为习惯，一味根据自己过往的经验，拍拍脑袋，计上心来，盲目地设计德育教学手段，为课题而课题。"摸石头过河"的做法居然也用到学校德育教育中来了，最后的成果只能是束之高阁，贻笑大方，更危险的是居然推而广之，祸害无穷！其实任何事物的解决都有其必须遵循的客观规律，必须依照科学的程序来检验方法的有效性，德育教育也不例外，不能为通过某项课题而忽略了这一步。

（五）重认知，轻情感

学校德育的学科化、知识化、课程化虽然在某些方面也说明了学校对德育工作的重视，但从德育本身的特点看，这一形式却很难达到实现德育目标的目的。造成目前学校德育这种局面的重要原因，主要是长期以来我们忽视了情感在德育中的价值。目前中小学校的德育目标，主要注重于考查学生德育知识的掌握程度，注重于学生的行为是否合乎规范，而没有注重他（她）的内在情感和信念是否发生了改变。即使是对学生道德行为的考查，我们也往往是采取简单的量化方式，而对于通过各种形式的教育之后，学生的爱心、同情心、友谊感、自尊心、责任感等有没有得到发展，并没有真正作为学校的德育目标之一而得到关注。同时，我们在对学生进行德育的过程中，也往往忽视了对情感性机制的利用，也就是说没有运用情绪和情感的感染性功能、弥散性功能、激励性功能和动力性功能，来促进学生对学校道德教育的认同。德育的本性在于培养有社会生活能力、有主体精神、能主宰自己的"人"。个体的德性形成，是不可能仅仅通过认知层面即"关于道德"知识的掌握而实现的。对于个体而言，其道德知识能否成为道德观念，主要取决于其情感的投入程度。

二、开展校园德育教育的一些建议

（一）加强中小学生敬畏感和幸福感的培养

凡是值得我们尊敬的不仅吸引着我们，同时也会形成一种距离感。有谁想要接近它，会为自己的卑微而觉得形秽；有谁想要远离它，却又深感与所悦者分离有怅然若失的感觉。培养孩子的敬畏感，包括敬畏生命、敬畏自然、敬畏崇高、敬畏美好等，也就是要培养孩子对生命价值的认识，对自然的亲近，对崇高事物的追求和对美好的向往。如果青少年没有这种敬畏之情的话，就很可能成为一个无法无天的人，一个对自己的内心世界没有约束的人，一个缺少憧憬与精神追求的人。

在中小学阶段，应该让孩子们真正感受到成长是幸福，不断超越自我是幸福，克服困难实现了教育目标同样是幸福。但是在实际生活中，一些孩子往往仅仅满足于物质的幸福，而家长给他们的也往往只是物质的幸福，这样，即使他有了很多物质的幸福之后，仍然体会不到精神的幸福。还有一些孩子，由于在学习过程中形成了变态的心理，他们也很难体会到学习的幸福。如果学生们在受教育的过程中，感受到的总是痛苦和心灵扭曲，那么这肯定是一种没有被学生认可的教育形式。情感性学校德育模式，主要是针对我国目前偏重认知而忽视情感的德育状况，其目的也在于呼唤一种合乎道德教育本性的学校德育教育新模式。

（二）丰富活动教育形式

学校可以考虑在三月组织学生去踏春，这个活动既陶冶情操，又可以欣赏祖国大好河山，在其中可以穿插爱国主义教育。不要为了安全的理由抹杀了学生的自由和乐趣，当年孔子带领他的学生游学列国，差点饿死在陈蔡一带，不过孔子并没有因此而退缩。四月学雷锋月，可以办板报系统地介绍雷锋的生平，学习讨论他生活上的朴素，学习上的钻研精神，对同志的热情关怀，毫不利己专门利人的品质；展开讨论雷锋精神在现实社会的意义。不要单单局限于一两次活动，而要全校动员，营造出一种令人感动的气氛。"五四"青年节，学校可以开办历史讲座，让学生了解中国近代史，培养学生追求真理、勇于献身精神。

让学生走出校门，参加社会实践活动。学校开展爱国奉献希望工程活动，发动师生为贫困灾区捐款捐物，参加义务献血活动等。

（三）在道德教育的天平上，行动永远比语言更重要

"全员育人""学校教育无小事"，这些教育理念都很好，落实到行动上最重要。如果是只说不练，不仅没有教育到学生，还给他们做了"言而无信"的模仿对象。古人云："德高为师，身正为范"，作为有着"人类灵魂工程师"美誉之称的教师，更应该以身作则，在工作、学习、为人处世等细节上下功夫，为学生树立良好的榜样。

加强学校德育，提高德育的实效，是一项艰巨和复杂的系统工程，作为教育工作者，任重道远。我们应竭尽全力，以国家的繁荣昌盛、民族的兴亡安危为己任，开展爱国主义教育，正确陶冶学生的思想情操，振奋学生为祖国、为四化而学习的刻苦精神，培养学生的良好道德品质。

第三节　中小学德育教育策略理性思考

"师者，传道授业解惑也。"古人告诉我们，作为教师，首先是"传道"，然后才是"授业解惑"。我们必须与时俱进，认清和正视德育工作中客观存在的新矛盾，积极探索新方法新策略，更好地提升德育工作的有效性。

一、真正落实德育为首，深化德育评价改革

改变学校领导管理观念，在校内真正确立德育为首的地位。在新课程背景下，学校德育工作应紧紧围绕以德育为核心的素质教育这一关键着力点，大力发展真正以德育为核心的素质教育。广大的中小学生正处在人生的奠基时期，是塑造健康人生观的最佳阶段，学校理应迎难而上，担负起学生思想品德成型阶段的塑造重任。相关部门应转变观念，健全考核机制，切实执行素质教育，树立"德才兼备"的育人理念，把德育为首真正落实到位，这是改变德育现状的前提条件。首先应改革德育评价主体和形式的单一化。评价主体应多元化，应改变只由教师评价的单一局面，在评价主体里增添学生、家长等成员，采用自评和他评相结合的方式，使评价由单向性发展为多向交互性。教师、学生、家长等共同参与

评价，这大大增强了评价的全面性、客观性、公正性。其中学生自评能力的培养，不仅有助于形成学生良好的自我教育能力，还有利于增强其自我约束力与责任感。其次应提升德育评价在学校教育评价体系中的地位。德育评价应真正落到实处，跟学生的升学工作、教师的绩效考核等挂钩，那么在其地位大大提升的同时，对学生的约束力也必将大幅提升。

二、德育内容课程化，德育方法多样化，全面提升学校德育工作

（一）德育内容课程化

一些西方先进国家以课程的方式明确规定了德育的内容、时间和应采用的程序，它与学科课程一样有明确目标和教育要求，只不过在内容和方法上拥有更多的选择性。因此德育内容课程化是学校德育内容发展的必然趋势。现在我们各个学校虽然都能够从实际情况出发，结合具体情况，开展一系列的德育活动，这对提高学生德育素质起到了一定的效果，但是对学生整体素养形成来说，是不全面、不系统、不规范的，这必然会造成德育的随意性和盲目性。而要克服这种随意性、盲目性，其最佳途径就是走德育课程化之路，在德育目标内容、计划、方法等方面制定出一套系统的、具有可操作性的课程规范。也就是说，要联系学生和当前的社会发展形势，与时俱进地制订出一套内容目标明确，具有可操作性和系统性的德育课程，使学校德育也走上规范有序之路。

（二）德育方法多样化

我们要勇于突破以往课堂坐而论道的局限，扩大德育的空间和影响。如今的德育已不再是通过简单的说教灌输就能完成，必须要与时俱进的发展变化。德育针对的是思想层面，简单枯燥的原则灌输方式是很难发挥效用的，在学习扩展新的理论经验的时候，每个学生都或多或少的会结合自己的原有经验。从中我们不难发现，德育理念只有在学生经过实践考验后，才能确认其是否获得了真正的成长。因此，我们必须更加重视新课程改革中的综合实践活动课，积极落实其中蕴含的德育目标要求，进一步凸显学生的自我教育行为及自主活动能力。

实践经验告诉我们，要想取得中小学德育的最佳效果，仅凭学校单方面德育管理是远远不够的，还必须发动家庭社会的方方面面来积极参与，实行全方位的综合治理。父母是孩子直接的榜样，所以父母应重视家庭教育，循循善诱，以事明理，善于通过自身的良好言行举止影响孩子。社会是学生生活的场所，应尽量给其提供一个良好的环境。当然学校施行德育的主阵地地位不可动摇，它仍然是培养学生拥有良好的思想道德素质的最佳场所。在新课程改革"为了每一位学生的发展"的核心理念指导下，中小学德育工作应充分发挥学生的自主合作探究学习的能力，努力创建一个平等、和谐、民主的"生本课堂"，积极促成学生由"要我学"到"我要学"的转变，从而达成知识、能力、价值观相统一的三维目标。与此同时，学校还必须进一步加强与家长的沟通联系：首先利用家长会的机会，在

与家长交流孩子的学习情况的同时，告知全面实施素质教育的意义，使其更注意孩子德智体美劳的全面发展。其次积极邀请家长参与到学校的德育活动中来。在向家长传授一些家庭教育的经验方法的同时，充分利用家长们的特长，与学校的教育工作相配合，促使家庭教育与学校教育相结合。最后通过多种形式的家校互动，让学校德育走向家庭。此外，学校还必须要注意社会上的信息传播，加强对传播内容的筛选和审查，尽力抵制和消除不良信息的负面影响，帮助学生更加健康快乐地成长。我们相信在家庭、学校和社会共同努力，多方面的协调配合下，一定会创设出良好的网络环境，学生们会更加健康快乐地成长。

"雄关漫道真如铁，而今迈步从头越"。德育工作是一项十分复杂而又矛盾的工作。作为教育工作者，我们任重而道远。让我们携起手来努力探索，为培养出更多更好的适应新时代发展的栋梁之材而奋斗。

第七章　教育与教师发展

目前情况下，我国的教育事业得到了有效的发展，并随着教师专业化程度的不断加深，以及基础性教育改革的深入，我国教师教育过程中所存在的问题也逐渐凸显出来。在我国高校教育中，虽然教育模式得到了一定的改革发展，但是总体来讲还很落后，在整个的教育过程中并没有自身真正的特点。所以，加强对教师专业化发展与教师教育改革进一步的探究具有积极意义。

第一节　教师专业基础

教师专业核心技能即教师教学专业技巧，其知识基础是学科教学知识。宜采用的职前涵养策略须做到四个"必须"，即必须坚挺师范生的职业心向，必须营造教育氛围浓厚的校园文化，必须把教学技能养成融入教育类各门课程中，必须通过专业化策略涵养师范生的教学专业能力。

一、教师专业核心技能——教师教学专业技巧的确认

（一）教师教学专业技巧起着上下游连接的作用

根据自动化的程度以及和具体课堂教学的关涉程度，教学专业技能的水平由低到高依次表现为基本技能、专业技巧和专业技艺。教学专业基本技能表征了这一职业的入门资格或最基础的能力，它表现为通过模仿和反复练习而达到"会做"某件事或"能够"完成某种工作，它和具体的课堂教学有明显的分割性。当经过反复练习基本技能，使活动方式的基本成分加以整合并达到自动化的程度，即上升到技能的技巧阶段时，教师已较深地涉入课堂教学情境，并可游刃有余地完成常规的教学工作任务，但完成复杂任务时有些吃力，甚至不能适应。这样的教师可称为熟手、能手。如果说教学专业技巧是完成常规任务的自动化，那么教学专业技艺则是高度涉入课堂情境后完成复杂、精致任务的自动化。具备教学专业技艺的人即拥有职业专长，可称为专家，这是教师个人专业发展的最高境界。由于教师教学专业技巧起着上下游连接的作用，所以教师专业核心技能即是教师教学专业技巧，意指教师在从事专业教学过程中，为完成专业教学任务而具备的独特的能力。

（二）提高教师教学专业技巧是教师专业化教育的需要

坚持教师专业化方向是教师教育改革发展的重要原则。如果说，加强教师专业情感教育是为了解决好"乐于从教"的问题，重视人文科学教育是为了解决好"利于从教"的问题，提高教师的教育理论素养是为了解决好"善于从教"的问题，那么，强化教师专业技巧培训，则是为了解决好"精于从教"的问题。

（三）提高教师教学专业技巧是优秀教师职业成长的需要

研究表明，课堂中基本教学技能（课中策略）的熟练掌握是新手型教师转化为熟手型教师的关键变量，围绕课后的评估和反思能力的获得则是熟手型教师转化为专家型教师的关键变量。显然，镶嵌多种范型教师知识的课堂教学实践是优秀教师职业成长过程中不可逾越的奠基阶段，是教师专业成长的基础。

二、教师专业核心技能的知识基础

在探究教师专业知识基础的诸多理论研究中，影响力最大的当推舒尔曼（Shulman）所建构的教师专业知识的分析框架。他认为教师必备的知识至少应该涵盖以下几个方面：即学科知识、一般教学法知识、课程知识、学科教学知识、学习者及其特点的知识、教育情境知识，以及关于教育的目标、目的和价值以及它们的哲学和历史背景的知识。早期教师教育强调教师的教学内容知识，而最近几十年来，教师教育的研究者关注一般的教育学方法的有效性，如教师对作业和课程的设置、独立于教学内容的学生成绩的评价等。现在学者们认为，教师的学科教学知识（pedagogical content knowledge，简称PCK）和教学内容知识对促进教学和学生的理解同样关键。关于PCK，舒尔曼认为它是"用专业学科知识与教育学知识综合去理解特定的单元的教学是如何组织、呈现以适应学生不同兴趣和能力"的一种知识。格罗斯曼（Crossman）在舒尔曼定义基础上作了进一步阐述，她认为学科教学知识包括了四个部分：一是一门学科的统领性观念——关于学科性质的知识和最有学习价值的知识；二是学生对某一课题理解和误解的知识；三是特定课题在横向和纵向上组织和结构的知识；四是将特定课题呈示给学生的策略。舒尔曼认为这是最能区分学科专家与教学专家、高成效与低成效教师不同的一个知识领域。这个论点已得到数学教师在大学中的学科成绩与他的学生的学习成绩之间并无显著关系，而他对所教内容理解的深浅程度以及教学策略和学生成绩之间呈现出非常显著的正相关等研究的证实。至此，教师知识基础框架中的核心成分——PCK被加以确认。这不仅为人们进一步理解教与学提供了新的广阔视角，也从教师知识的角度进一步论证了教师职业的专业化与不可替代性，还为教师专业技能的涵养训练提供了可靠的知识基础。

三、教师专业核心技能的结构分析

PCK 被发现和确认之后,利用 PCK 解决问题的教学技能也渐渐被发掘,这大大廓清了世界各国对教师资格的认证以及对教师专业技能培养的向度。如全美数学教师协会制定的《数学教学职业标准》(1991)在"懂得数学教学"的标题下明确了教师应掌握的技能:要善于提出有价值的教学任务;有效地使用各种教学材料和资源,包括教科书、问题集、教辅实物材料、计算机及软件等;会使用多元评定方法评定学生如何学习以及他们力所能及的范围;会通过实物的、视觉的、图形的、符号的表象进行数学思想的建模表达;会用"讲解、演示、作业"等传统教学方式的同时,能用多元高度的师生交互作用的教学方式进行数学交流等。专业技能有四个一级指标,第一个就是教与学(包括 4 个二级指标,14 个预期特征)。另外三个一级指标是班级组织与管理、学生评价、专业反思与交流,也都与学科教学密切相关。笔者认为,在新课程改革背景下,教师应至少掌握以下四项学科教学技能:

(一)研习新课标的技能

课程标准反映了课程的基本理念和基本要求。研习新课标,有助于深入理解基础教育课程改革的新理念,熟悉课程的基本目标和主要内容,领会教学的基本要求以及教学内容和教学材料的体系范围与深度。

(二)研习教材的技能

研究教材,是教师从事教学工作的前提和基础。要能熟练掌握课本的基本原理和知识体系,准确把握各章节的重点、难点及课本的前后联系;要广泛阅读教学参考资料,选取合适材料以补充教学内容。另外,还要考虑改革创新,在条件成熟的情况下,编写补充性的有特色的校本教材。

(三)了解学生认知准备的技能

学生认知的准备状态是教学的起点,教师必须全面充分地了解学生的知识基础、能力倾向、认知风格、个性特质、成长节奏、愿意接受的教育方式等。据此,对学生的学习准备性进行分类,增强教学的预见性与针对性。

(四)课堂教学技能

关于课堂教学技能分类,学界研究成果众多。在我国,最常见的是在集体授课制的背景下,依随课堂教学环节,将教学技能分为明确教学目标技能、激发学生学习动机技能、感知教学材料技能、理解教学材料技能、巩固知识经验技能、运用知识经验技能以及教学效果检查、测量与评价技能。随着教学改革的深入,活动取向的探究性学习将成为众多课程教学的一种基本模式。在这种教学模式中,学生是教学的主体和探究者,教师是组织者和引导者。从某种意义上说，探究性学习具有更强的自主性和合作性，因而就更能在学生知识的建构、情意的培养和陶冶方面发挥重大的作用。或许正因为如此，探究性学习成为世界各国课程和教学改革的重大课题并受到高度关注。所以，应该按探究性学习的教学模式分解教学技能并重构其系统。按此思路，得到的教学技能分类体系如下：探究性学习阶段相应的教学技能，选择问题、创设问题情境的技能，引起学生探究的技能，分析因果、提出假设、采集和提供信息的技能，引导提出假设的技能，设计方案、验证假设、组织讨论假设的技能，分析材料、解释结论、形成结论的技能，反馈与反思、扩展已有结论的技能。

四、教师专业核心技能的职前涵养策略

如前所述，熟练的教师专业核心技能是教师教学专长形成的必经阶段。在教学专长的形成过程中，综合胡谊和刘德恩两位学者的研究，从业动机充当着整个职业劳动与专长形成的控制器作用，制约着后者发生的频率、质量与后果。以往的学习、实践与训练所获得的从业知识、经验和能力，是当前职业劳动或训练的基础和起点。实际的职业劳动实践或训练活动，是连接已有水平与未来发展、职业素质与职业成效、劳动操作与职业认识之间的枢纽和相互转化器，是职业专长形成的中心环节。而文化和情景因素的意义在于为从业者提供意义、支援和身份认同。根据职业专长形成的这一原理，职前培养机构在涵养师范生专业核心技能时，应着力做好以下四方面的工作：

（一）必须坚挺师范生的职业心向

在职前教师教育阶段，必须把激发师范生的教师职业意识和职业理想当作一件大事来抓，通过讲座、座谈、实地调查、树立典型等多种教育场域，整合"权威"和"内在说服力"的话语，引导学生多维度认识教师职业，真正理解教师道德规范，深度激活专业自信，为师范生的终身发展提供源源不竭的动力。

（二）必须营造教育氛围浓厚的校园文化

1. 校园活动可多一些教育研究的色彩

每年可举办一次大型的"教育节"、校内师范生基本功比赛、地方教坛新秀赛、专家名师论坛等。

2. 广泛运用信息化技术

各院校在局域网内搭建专家教师教学视频库，并在此基础上，建议全国教师教育网络联盟尽快扩大规模，全国教师教育虚拟大学尽快组建，使在校师范生在入盟的校园网的每一个终端都可随时接收、观摩优质的教学资源。

3. 尽可能多地组织见习和现场参观

这些活动比课堂教学复杂，但如果精心联络和设计，效果要比单纯的课堂教学好得多。

（三）必须把教学技能养成融入教育类各门课程

1. 按教师的职业特征和教师的职业需要来组织专业知识

教师教育专业的性质属于职业教育的范畴，所以应让学生学习对所从事的职业有用的知识和技能，为此必须把教师教学知识来一次全面的筛选，把那些陈述性的、程序性的、策略性的和有关态度与动机的知识全面纳入教育类课程。

2. 把教学技能嵌入教育类各门课程

具体地说，学科教学技能主要通过学科教学论来完成；教学反思技能、教学管理技能主要通过教育学来完成；人际技能主要通过心理学来完成，各科教学都应培养实践技能。

3. 重构学科教学论

一方面，PCK 的特定价值将渐渐置学科教学论于教育类课程结构的核心位置，从而消解长久以来的边缘性；另一方面，由于学科教学论自身发展滞后于当代基础教育改革实践，从而形成了二者相当烈度的张力。这使人们对重建学科教学论予以思考并提出下列对策：除重新确立学科教学论的学科性质与地位、建构新的学科教学论课程结构与内容体系、凸显学科教学论的学科特色等外，笔者强调两点：开发多形态的课程，学科教学论要打破单一的理论课程模式，可以将其分解为若干学科群，如学科教学基本理论、学科教学技能训练、学科教学实习（包括模拟实习）等；历练学科教学论师资队伍，除加强纵横向协作、凝练强有力的学术团队外，有条件的学校可对教师实施功能性配备。它不是按学科或人头安排教师的授课任务，而是按教师的优势职能来安排教学。于是，可将一门课分解成若干项工作任务或专题，然后分配给有能力的人来承担。这种配备教师的指导思想不是让教学去适应教师，而是教师去适应教学要求，并使教师在教学改革中改变自己。

4. 创建教育技能类课程

开设临床型的、专门的教学技能训练课，形成由知识性课程、操作性课程和实践性课程构成的比较完整的课程体系。围绕实用性和操作性，使该课程的内容、结构及教学和评价方式都迥别于知识性课程。

（四）必须通过专业化策略涵养师范生的教学专业能力

1. 任务分析

在教学中，可以引导师范生做以下几项工作：通过对教材与学生的分析，确定单元或单课的具体教学目标；对教学目标中的学习结果进行分类；根据对不同类型的学习条件分析，揭示实现教学目标所需要的先行条件；确定与教学目标有关学生的起点状态。

2. 案例分析

基本做法就是通过现场观察或专家教学视频进行分析，讨论各种教学技能的类型、特点、效果，分析教师教学行为的合理性。此外，可以结合课题研究的方法，使学生通过实验来验证一些假设。

3. 认知学徒制

其一，教学方法的设计必须为学生提供进行观察、参与、发明或发现专家策略的机会，提供大量系统地激励学生进行探索和独立活动的方法，以支持学生学习如何执行任务。其二，推行导师制，让学生进入由教学教育专家关注和确定的文化圈中，通过持续的观察、练习、尝试、交流、反思、概括、实际应用等方式进行学习，并逐渐从初学者或新手向共同体的中心移动，最终成为真正意义上的专家从业者。

4. 师范生成长记录袋

主要收集、记录学生自己或教师、同伴做出评价的有关材料。成长记录袋可以说是记录了学生在某一时期一系列的成长"故事"，是评价学生进步过程、努力程度、反省能力及其最终发展水平的理想方式。

第二节　教师专业发展

纵观我国现代的教育，学生所学习的知识大部分是在教师的引导下获得的，教师在整个教学过程中起着关键性的作用，他们是教学质量的直接责任人，教师的专业水平直接决定着学生的学习水平。教师职业不仅具有"育人"的职能，同时也具有高度的"育己"精神。只有教师具备高度的"育己"能力，才有可能更好地达到"育人"目的。随着科学、经济、技术、环境等日益影响人类生活的各个领域的增多，国家、社会对教师的要求也越来越高，一个合格的教师需要具备普通文化知识、所教学科的专门知识和教育学科知识、基本的教育教学能力。高要求促使教师本人及相关教育机构开始关注教师的专业水平，教师的专业发展在近年成了教育界的热点。

一、教师专业发展概述

教师的专业发展不仅仅指教师教学技能的不断进步和提高，而且是教师在知识、理念、能力、情意、信仰等多个层面的发展，大致涵盖专业知识、专业知能和专业精神，是教师在教育制度、教师教育制度、教师管理和评价制度、教师文化等外部条件的支持下，通过自身的不断学习和努力，提高教育教学知识，改进教育教学实践，促使其专业知能、专业情意、专业自我不断发展和完善的过程。教师专业发展是教师在整个专业生活中，通过终身专业训练，习得教育教学技能，实施专业自主，体现专业道德，逐步提高从教素养的过程。

二、教师专业发展阶段理论

由上可知教师的专业发展不是一蹴而就的，是一个长期甚至是终身的过程，同时又是一个动态的、处于不断变化和革新的过程。这需要教师具有终身学习、终身发展的意愿，具备自主思考及规划职业生涯的能力。教师专业发展的要求使教师专业发展阶段理论的研究成为必然。

20世纪60年代末，费朗斯．福勒（Fuller，1969）对职前教师的培训做了调查，提出了著名的教师关注阶段论，揭开了对教师专业发展阶段研究的序幕。他把职前培育的教师发展阶段分为：教学前关注（教师们仍然扮演学生角色，对教师角色仅处于想象，没有教学经验，更多的是关注自己），早期生存关注（教师们开始关注自己的生存问题，包括关注班级管理、对教学内容的精通熟练、领导的评价、学生与同事的接纳等），教学情境的关注（此阶段教师较多关注教学所需知识、能力与技巧，以及尽其所能地将其运用于教学情境中），关注学生（这个阶段教师开始关注学生的学习、社会和情感需要以及如何通过教学更好地影响他们的成绩和表现）。

20世纪70年代末、80年代初，伯顿（Burden）、纽曼（Newman）、皮特森（Peterson）等以资料的搜集、整理为基础推动教师专业发展阶段的研究，他们将教师的专业发展分为了三个阶段：求生存阶段（教师从教第一年，关心的是班级经营、学科教学、教学技能的提高，教学内容的了解，作好课程与单元计划及组织好教学教材，作好教学工作。）；调整阶段（教师从教2—4年，进一步了解教学并寻找新的教学技术，以满足学生更广泛的需要。）；成熟阶段（从教5年或以上，有了安全感，能处理教学中所发生的任何事情，更关心学生，教学经验更丰富。）。

20世纪80年代，费斯勒和克里斯坦森（Fessler&Christensen，1985）历时八年，提出了动态的"教师职业生涯发展周期模型"，在该模型中他们将教师的专业发展分为了八个阶段：职前期（教师角色的准备期，即教师的培养期）；职初期（教师努力学习教学日常工作，寻求学生、同事及领导的认可）；能力建构期（教师努力积极寻找新的资料、方法和策略，学习欲望强）；热心与成长期（教师已经具备较高教学水平，仍不断寻求进步，热心成长）；职业挫折期（教师工作上遭遇挫折，工作满足度下降，有时出现倦怠现象）；职业稳定期（教师只做分内工作，不主动追求教学专业上的成长，缺乏进取心）；职业消退期（教师准备离开教育岗位的低潮时期，带着美好回忆或者是苦涩离开教育岗位）；职业离岗期（教师离开教职岗位时期）。

在以上各国教育学者对教师专业发展阶段研究的基础上，后续的学者继续了对这一专题的研究，如休伯曼（Huberman，1993）提出的"教师职业生命周期论"将教师职业生涯归纳为五时期：入职期、稳定期、实验和重估期、平静和保守期、退休期；司德菲（Stetty）提出的"教师生涯发展模式"，将教师发展分为五个阶段：预备生涯阶段、专家生涯阶段、退缩生涯阶段、更新生涯阶段、退出生涯阶段；加拿大学者提出的"教师职业成熟阶段"等。这些理论都从不同侧面描述和研究了教师的发展轨迹和表现特征。

三、启示与思考

教师职业区别于其他职业，它具有很强的应用性和创造性，在当前知识经济的时代，教师要想最大限度地挖掘自身潜能，更好地创造个人的自我价值和社会价值，就必须清楚地了解、设计自己的职业发展路线，提升自己的专业规划意识和能力。科学划分教师专业发展阶段，有助于帮助教师明确不同时期的任务和目标，确定努力方向，使其积极地面对各阶段出现的问题，实现发展目标。同时有助于教育界的相关部门和领导根据各阶段教师的发展特点，实施相应的措施，使教师更好地过渡每个阶段，成就教师的专业发展。教师规划自己的专业发展不仅仅是自身成长的需要，也是教育改革、学校发展的需要。

通过以上教师专业发展阶段理论的阐述，我们可以发现教师的专业发展是不平衡的，是一个漫长的、动态的过程，有高潮也有低谷，并且还在每个阶段表现出不同的问题、需求、心态和发展的策略。从个体角度看，教师专业发展的过程贯穿教师整个职业生涯甚至生命全程，每个人都有终身发展的任务与意向；从整体上看，教师专业发展的过程又是一个不断分化、分流、分置并构成教师层级体系的过程。在这个过程中，不同的人有不同的发展动机，有不同的发展条件，有不同的发展速度，当然也会有不同的发展水平和不同的发展结果。教师在从教中应该认识自己的角色，进行自我评价，定位自己的专业发展阶段，从而有针对性地进行调整和规划。

同时我们应该意识到教师的专业发展不仅仅是教师自身的行为，影响教师专业发展既有内部因素也有外部因素。教育的社会功能，教师的社会形象和角色规范，教师的社会地位和经济待遇，甚至家庭状况等都是影响教师专业发展的外部因素。只有内部因素和外部因素结合起来形成合力，深入了解教师专业发展阶段，了解各阶段教师专业发展的特征和发展需求，制定并形成个性化的发展激励机制，才能从根本上促进教师的专业发展，从而整体上提高教师的专业素质。

第三节　教师专业发展意义

随着教育国际化的不断深入，国际教师教育改革的不断推进，促进教师专业发展成为当前教师实践创新研究的主流阵地，随之，对教师专业发展规划的研究也就日益增多。就其概念而言，国内大多比较认同"教师的专业发展规划，是对教师专业发展的各个方面和各个阶段进行的设想和规划。具体包括：教师对职业目标与预期成就的设想，对工作单位和岗位的选择，对各专业素养的具体目标的设计，对成长阶段的设计，以及所采取的措施等"这一概念。在国外明确指出教师专业发展规划概念，本文认为：教师专业发展规划是以教师内在需求为驱动，以学生健康发展和提高学生学习质量为核心，以教师获得职业尊重为支撑，在个人、学校、教育行政部门的共同协作下，确保所有的教师进行教师专业设想与规划，并引导、支持和监控规划的有效实施与调整。

《中国教育改革和发展纲要》明确指出："振兴民族的希望在教育，振兴教育的希望在教师。"因此，加强教师队伍建设，直指国家教育事业的改革与发展水平，直指教育政策法规的实施力度，直指学校的教育教学质量高低，直指教师个人的职业宽度与深度。教师专业发展规划对于国家教育事业、地方教育行政部门、中小学校、教师个人职业发展都有重大意义。

一、教师专业发展规划是教师获得职业尊重的源泉

随着社会生产力的不断发展，人们对生活质量需求的不断提高，追求在工作当中的幸福与尊重，越来越成为各职业持续发展的重要因素。就教师而言，其专业成长依赖于其专业发展规划，其专业化程度更依托于其专业发展规划。没有专业发展规划，教师只能茫无头绪，无的放矢，无法获得专业尊重。获得专业尊重的教师当然不会参与第二职业，不会上课没有激情，不会敷衍了事，更不会师德败坏。因此，良好教师专业发展规划是教师获得职业认同和尊重的源泉。

二、教师专业发展规划是教师提高教育教学质量的关键

学校教育教学质量的水平高低，关键取决于教师的专业化水平，取决于教师队伍素质高低。因此，让教师尽快站稳讲台，促进一批优秀教师的产生，是学校提高学校教育教学质量的前提。加速教师专业化，成就一批教育理念先进、文化知识深厚、教学能力突出、教育信仰坚定又无私奉献的教学名师，是学校保持高水平教育教学质量的保障。教师引领学生成长，学生成就教师职业化，培养一批具有良好学习和生活习惯的学生，是学校提高教育教学质量的有力支撑。

三、教师专业发展规划是学校发展规划的核心要素

教师的来源与专业发展规划，决定教师的素质，教师的素质决定教师队伍的质量，教师队伍的质量决定学校教育教学质量，学校的教育教学质量决定学校的办学水平，学校的办学水平决定我国教育水平。就学校而言，教师队伍的教育教学质量限制着学校的办学水平。教师队伍的专业发展水平，决定着学校的发展水平。教师专业发展与学校发展是相互促进、共同发展的。因此，学校发展规划的重要任务就是引领教师专业成长，促进教师进行良性专业发展规划，而教师自我专业发展规划则紧紧围绕学校发展规划，努力实现两者的和谐发展，使学校与教师发展规划成为一体。学校以教师队伍建设为出发点，以教师的专业成长为切入点，以教师获得职业尊重为落脚点，创造条件、搭建平台、建立机制，激

励教师进行良性规划。教师以学校发展规划为蓝本，以有效地促进学校的可持续发展为目标，以提高学校教育教学质量为内涵，共同创造团体教育信仰，赢得社会信誉，增加职业成就。所以，教师专业发展规划是学校发展规划必不可少的核心要素。

四、教师专业发展规划是新课程改革的内在要求

在素质教育的背景下，新课程改革的最核心理念是"以学生为本"，如何实现"以学生为本"关键在于教师。需要教师不断提高自身综合素质，转变传统的教育思想和观念，创新和改革教育教学方法，调整角色需求和定位，研究身边的教育教学实际，提高教育教学水平。要解决如此种种问题，就必须有一个整体的设想和规划，必须有认同的职业情感和坚定的教育信仰。因此，教师良性的专业发展规划是新课程改革的内在要求，也是教育的可持续发展的内在前提。

第八章　学校课程

所谓学校课程，即校本课程，它（基于学校、为了学校）是学校在确保国家课程和地方课程有效实施的前提下，针对学生的兴趣与需要，结合学校的传统和优势以及办学理念，充分利用学校和社区的课程资源，自主开发或选用的课程，是基础教育课程体系中不可或缺的一部分。具体实施国家课程和地方课程的前提下，通过对本校学生的需求进行科学评估，充分利用当地社区和学校的课程资源而开发的多样性的、可供学生选择的课程。其目的在于尽可能满足各社区、学校、学生之间客观存在的差异性，因而具有一定的适应性和参与性，通常以选修课或特色课的形式出现，学校课程的开发可分为新编、改变、选择和单项活动设计等。

第一节　课程与课程分类

一、课程概念

课程是指学校学生所应学习的学科总和及其进程与安排。课程是对教育的目标、教学内容、教学活动方式的规划和设计，是教学计划、教学大纲等诸多方面实施过程的总和。广义的课程是指学校为实现培养目标而选择的教育内容及其进程的总和，它包括学校老师所教授的各门学科和有目的、有计划的教育活动。狭义的课程是指某一门学科。

"课程"一词在我国始见于唐宋期间。唐朝孔颖达为《诗经·小雅·巧言》中"奕奕寝庙，君子作之"句作疏："维护课程，必君子监之，乃依法制。"但这里课程的含义与我们今天所用之意相去甚远。

宋代朱熹在《朱子全书·论学》中多次提及课程，如"宽着期限，紧着课程""小立课程，大作工夫"等。虽然他对这里的"课程"没有明确界定，但含义是很清楚的，即指功课及其进程。这里的"课程"仅仅指学习内容的安排次序和规定，没有涉及教学方面的要求，因此称为"学程"更为准确。

到了近代，由于班级授课制的施行，赫尔巴特学派"五段教学法"的引入，人们开始关注教学的程序及设计，于是课程的含义从"学程"变成了"教程"。

由于凯洛夫教育学的影响，20世纪80年代中期以前，"课程"一词很少出现。

中国学校课程

课程类型		小学	初级中学	高级中学
文科	文学语言学	汉语（语文）		
		英语		
		无	日语	
			俄语	
			其他	
	政治学	品德与生活/品德与社会	道德与法治	思想政治
	历史学	无	历史、历史与社会	历史
	地理学		地理（七八年级）	地理
理科	数学	数学		
	化学	科学	化学（九年级）	化学
	物理学		物理（八九年级）	物理
	生物学		生物	生物
	计算机	信息技术		
艺术科	艺术学	音乐		
		美术		
	体育学	体育与健康		

二、课程分类

（一）分科课程与活动课程

分科课程也称文化课程，是一种主张以学科为中心来编定的课程。主张课程要分科设置，分别从相应科学领域中选取知识，根据教育教学需要分科编排课程，进行教学。

1. 布鲁纳的结构主义课程论

基本观点：首先，主张课程内容以各门学科的基本结构为中心，学科的基本结构是由科学知识的基本概念、基本原理所构成的。其次，在课程设计上，主张根据儿童智力发展阶段的特点安排学科的基本结构。最后，提倡发现法学习。布鲁纳很多思想体现了很强的时代精神，对当前学校教育仍具有很强的现实意义。不足之处：如片面强调内容的学术性，致使教学内容过于抽象；将学生定位太高，好像要把每一个学生都培养成这门学科的专家；

在处理知识、技能和智力的关系上也不是很成功。但布鲁纳的思想对今天我们的课程研究仍具有重要的借鉴意义。

2. 瓦根舍因的范例方式课程论

强调课程的基本性、基础性、范例性，主张应教给学生基本知识、概念和基本科学规律，教学内容应适合学生智力发展水平和已有的生活经验，教材应精选具有典型性和范例性的内容。特色在于：其一，以范例性的知识结构理论进行取材，其内容既精练又具体，易于举一反三，触类旁通；其二，范例性是理论同实际自然地结合的；其三，能解决实际问题的内容都是综合的，不是单一的；其四，范例教学能更典型、具体、实际地培养学生分析问题和解决问题的能力。

3. 赞科夫的发展主义课程论

把"一般发展"作为其课程论的出发点和归宿，称为"发展主义课程论"。所谓"一般发展"，是指智力、情感、意志、品质、性格的发展，即整个个性的发展。主要观点：第一，课程内容应有必要的难度；第二，要重视理论知识在教材中的作用，把规律性的知识教给学生；第三，课程教材的进行要有必要的速度；第四，教材的组织要能使学生理解学习过程，即让学生掌握知识之间的相互联系，成为自觉的学习者；第五，课程教材要面向全体学生，特别是促进差生的发展。

活动课程与分科课程相对，它是打破学科逻辑组织的界限，以学生的兴趣、需要和能力为基础，通过学生自己组织的一系列活动而实施的课程，它也常常被称之为"儿童中心课程""经验课程"等。

分科课程与活动课程是学校教育中的两种基本的课程类型，我们可以把两者看作是一种相互补充而非相互替代的关系。分科课程将科学知识加以系统组织，使教材依一定的逻辑顺序排列，以便学生在学习中可以掌握一定的基础知识、基本技能。但是，它由于分科过细，只关注学科的逻辑体系，容易脱离学生生活实际，不易调动学生学习的积极性。而活动课程则可以在一定程度上补救这一缺失，但同时，由于活动课程自身往往依学生兴趣、需要而定，缺乏严格的计划，不易使学生系统掌握科学知识。一正一反，利弊兼具，任何一种在张扬其特长的同时，也就将其弊端暴露无遗。所以，这两类课程在学校教育中都是不可或缺的。

（二）核心课程与外围课程

核心课程反对将各门学科进行切分的做法，强调在若干科目中选择若干重要的学科合并起来，构成一个范围广阔的科目，规定为每一学生所必修，同时尽量使其他学科与之配合。核心课程在一定程度上也可被看作是对儿童中心课程的反对，它在产生之初，尤其反对课程只从学生个人兴趣、需要动机出发的做法。它提醒教育者注意，儿童并非生活在真空里，而是在一个特定的时间、地点和特定的社会环境里成长的，课程需要反映儿童所赖以生活的社会的需求。因此，核心课程在产生之初，其显要特征就是注重社会需求以及以生活为中心。乃至后来，核心课程在立场上稍有改变，其实也吸纳了活动课程的一些成分。

核心课程除了学科间的综合以及构成一个"核心"之外，它还有另一显著特征，即这种课程是要每个学生都要掌握的，是需要所有学生共同学习的。这样就产生了一些问题：一是社会生活的需要是多种多样的，哪部分课程需纳入"核心课程"？二是随着新学科的不断涌现，这些学科的拥护者都极力希望纳入到课程中来，并且有的学科也的确需要在核心课程中得到反映。这就又使得课程选择与设计中的古老问题——时间和可利用资源——反映了出来。在这种情况下，如同分科课程自身的缺失造就了活动课程一样，与核心课程互补的外围课程也就应运而生了。

外围课程指核心课程以外的课程。它是为不同的学习对象准备的，它不同于照顾大多数学生、面向所有学生的核心课程，而是以学生存在的差异为出发点，它也不像核心课程那样稳定，而是随着环境条件的改变、年代的不同及其他差异而做出相应的变化。核心课程与外围课程的差异，如同一般与特殊、抽象与具体是相辅相成的。

（三）国家课程、地方课程与校本课程

从课程开发的主体来看，可以将课程分为国家课程、地方课程与校本课程。国家课程亦称"国家统一课程"，它是自上而下由中央政府负责编制、实施和评价的课程。校本课程是由学校全体教师、部分教师或个别教师编制、实施和评价的课程。地方课程介于国家课程与校本课程之间，指由国家授权，地方根据自身发展需要开发的课程。

就国家课程来说，体现的形式是不一样的。在澳大利亚、美国等实施教育地方分权的国家，国家课程是由各州政府负责编制、实施和评价的。通常，学校教师在国家课程的编制和评价方面没有或者几乎没有什么发言权或自主权，但他们必须成为国家课程的实施者。在实施国家课程的过程中，学生往往需要参加国家统一考试。

校本课程是相对国家课程而言的，它是一个比较笼统和宽泛的概念，并不局限于本校教师编制的课程，可能还包括其他学校教师编制的课程或校际之间教师合作编制的课程，甚至包括某些地区学校教师合作编制的课程。与国家课程相比，在校本课程的开发过程中，课程编制、课程实施和课程评价呈"三位一体"的态势，形成统一的三个阶段，并由同一批教师负责承担。

在推广国家课程的同时，应该允许开发一定比例的地方课程、校本课程，而推行地方课程、校本课程的学校，也不应该贬低或排斥国家课程。

（四）显性课程与隐形课程

显性课程是学校情境中以直接的、明显的方式呈现的课程，是教育者直接地表现出来的，如课程表中的学科。

隐形课程包括除上述课程之外的一切有利于学生发展的资源、环境、学校的文化建设、家校社会一体化等。

研究中有很多类似的名称，如隐蔽课程（hidden curriculum）、潜在课程（laten curriculum）非正规课程（informal curriculum）、未研究的课程（unstudied curriculum）、未预期的课程（unanticipated curriculum）。它指学生在学校情景中无意识地获得经验、价值观、理想等意识形态内容和文化影响。也可以说是学校情境中以间接的内隐的方式呈现的课程。具有非预期性、潜在性、多样性、不易觉察性。

隐形课程与显性课程有三方面的区别：一是在学生学习的结果上，学生在隐形课程中得到的主要是非学术性知识，而在显性课程中获得的主要是学术性知识；二是在计划性上，隐形课程是无计划的学习活动，学生在学习过程中大多是无意接手隐含于其中的经验的，而显性课程则是有计划、有组织的学习活动，学生有意参与的成分很大；三是在学习环境上，隐形课程是通过学校的自然环境和社会环境进行的，而显性课程则主要是通过课题教学来进行的。

隐性课程研究可以追溯到美国著名教育家杜威的"附带学习"，即指学习中自然而然产生的情感、态度和价值观等。"隐性课程"一词是由杰克逊（P.W.Jackson）在 1968 年出版的《班级生活》（life in classroom）一书中首先提出的，如果说显性课程是学校教育中有计划，有组织地实施的正式课程（formal curriculum）或官方课程（office curriculum）的话，那么隐性课程则是学生在学习环境中所学习到的非预期的或非计划的知识，价值观念，规范和态度等。我国出版的《教育大辞典》对其下的定义是：学校政策及课程计划中未明确规定的、非正式和无意识的学校学习经验，与"显性课程"相对。

第二节　课程目标与内容

课程目标是指课程本身要实现的具体目标和意图。它规定了某一教育阶段的学生通过课程学习以后，在发展品德、智力、体质等方面期望实现的程度，它是确定课程内容、教学目标和教学方法的基础。从某种意义上说，所有教育目的都要以课程为中介才能实现。事实上，课程本身就可以被理解为是使学生达到教育目的的手段。所以说，课程目标是指导整个课程编制过程最为关键的准则。确定课程目标，首先要明确课程与教育目的和培养目标的衔接关系，以便确保这些要求在课程中得到体现；其次要在对学生的特点、社会的需求、学科的发展等各个方面进行深入研究的基础上，才有可能确定行之有效的课程目标。课程目标有助于澄清课程编制者的意图，使各门课程不仅注意到学科的逻辑体系，而且还关注教师的教与学生的学以及课程内容与社会需求的关系。

一、课程目标简介

（一）广义的课程目标

广义上的课程目标的含义定位于教育与社会的关系，是一个比较大的视角，涵盖面是全层次的。它即是教育意图，包含了"教育方针""教育目的""培养目标""课程教学目的"和"教学目标"，而教学目标又包含年级教学目标、单元教学目标和课时教学目标。

（二）狭义的课程目标

狭义上的课程目标的含义定位于教育内部的教育与学生的关系，是一个相对狭窄而具体化的视角，它的涵盖面是特定的，主要指"教育目标"。在狭义上，课程目标不包含"教育方针"，只包含"教育目的""培养目标""课程教学目的"和"教学目标"。

二、课程目标分类

（一）行为取向性目标

行为取向的课程目标是期待的学生的学习结果，它具有导向功能、控制功能、激励功能与评价功能。

行为目标具体、明确，便于操作、评价，对于学习以训练知识、技能为主的课程内容较为适合。行为目标取向的课程目标理论主要有泰勒的课程目标理论和布鲁姆的教育目标分类学。

（二）生成性课程目标

生成性目标不是由外部事先规定的目标，而是在教育情境之中随着教育过程的展开而自然生成的目标，它关注的是学习活动的过程，而不是像行为目标那样重视结果。考虑学生的兴趣、能力差异，强调目标的适应性、生成性。

（三）表现性课程目标

表现性目标，指在教育情境的种种遭遇中每一个学生个性化的创造性表现。关注学生的创造精神、批判思维，适合以学生活动为主的课程安排。

三、研究性学习课程目标

（1）主动获取信息；（2）综合运用各学科知识；（3）自主制定研究活动方案；（4）能用科学研究的方法解决问题；（5）能得出有价值的研究成果；（6）能有效地展示有关成果；（7）较强的探究意识和兴趣；（8）形成较强的科学意识和社会责任感。

如小学五年级的综合实践课程中《生活中的垃圾》一课，不仅要求孩子们对科学处理垃圾有一定的认识及了解，还要让她们通过自己调查，亲手将垃圾分类。这些只是光靠老师说学生不亲身体验参与是感知不到的，也是掌握不来的。这使同学们的思想意识、情感意志、精神境界等各方面得到了升华。

在第一阶段，各组学生通过调查、采访、访问、信息搜集等活动，以小组为单位将资料进行了汇总、整理和分析，进行宣讲等。

在第二阶段，学生在老师的指导下，具体安排进行调查。在课堂上，通过调查数据的汇报，引发学生的思考，产生让更多学生了解生活中的垃圾对我们环境的污染，给我们的健康带来很大的影响，激发学生参与活动的积极性。同时，培养学生利用资料进行宣传的能力。通过宣传活动方案的设计，培养学生学会分工与合作，积极参与、乐于表现的意识和乐于与他人分享的态度。

这次综合实践活动课的设计以小组为单位，通过活动，学生走出了学校，接触了社会，在自主合作中主动地去探寻、感受、传递文化，在活动中得到了全面的锻炼，真正成为活动的主人，满足了孩子们的求知欲，增长许多丰富的课外知识，使学生在自主合作探究的过程中培养实践能力、团队精神和人际交往能力。让他们感受到了美好的环境给人民带来的幸福和快乐，增强了作为泽普人的自豪感，产生爱护环境，保护环境的美好愿望。

综合实践活动课程的教师在活动的实施中要不断挖掘、开发、利用无限的课程资源，为学生创造更广阔的自由发展的空间，真正让学生在开放的课堂中获得综合素养的动态生成和发展。综合实践活动课程的教师任重道远，相当辛苦。

四、三维课程目标

知识与技能（一维）所谓知识目标，这里主要指学生要学习的学科知识（教材中的间接知识）、意会知识（生活经验和社会经验等）、信息知识（通过多种信息渠道而获得的知识）。知识目标的表达举例：通过学习，知道动物也是有情感的；通过学习，理解分数的基本性质。所谓技能是指通过练习而形成的对完成某种任务所必需的活动方式。

过程与方法（二维）所谓过程，其本质是以学生认知为基础的知、情、意、行的培养和发展过程，是以智育为基础的德、智、体全面培养和发展的过程，是学生的兴趣、能力、性格、气质等个性品质全面培养和发展的过程。过程目标的表达举例：通过学习，认识分数的发生和发展过程。所谓方法，是指学生在学习过程中采用并学会的方法。方法目标的表达举例：通过学习，采用并学会自主学习的方法（或问题探究的方法，或问题的观察方法，或思维发散的方法，或合作交流的方法，或解决问题的方法等）。情感态度价值观（三维）所谓情感，是指人的社会性需要是否得到满足时所产生的态度体验。所谓态度，这里不仅指学习态度和对学习的责任，它还包括乐观的生活态度，求实的科学态度，宽容的人生态度等。目标表达举例：通过学习，端正学习态度、养成好的学习习惯；通过学习，在交往中能表现出宽容、忍耐的态度。所谓价值观，本指对问题的价值取向的认识，这里也可指学生对教学中问题的价值取向或看法。

第三节 课程实施与评价

课程评价是指检查课程的目标、编订和实施是否实现了教育目的，实现的程度如何，以判定课程设计的效果，并据此做出改进课程的决策。

一、课程评价含义

课程评价是一个价值判断的过程。价值判断要求在事实描述的基础上，体现评价者的价值观念和主观愿望。不同的评价主体因其自身的需要和观念的不同对同一事物或活动会产生不同的判断。

课程评价的方式是多样的。它既可以是定量的方法也可以是定性的方法，教育测试或测量只是其中的一种方法，并不代表课程评价的全部。

课程评价的对象包括"课程的计划、实施、结果等"诸种课程要素。也就是说，课程评价对象的范围很广，它既包括课程计划本身，也包括参与课程实施的教师、学生、学校，还包括课程活动的结果，即学生和教师的发展。

二、类型

1. 根据评价对象的不同，可将广义的课程评价分为学生评价、教师评价、学校评价、狭义的课程评价等。
2. 根据评价主体的不同，可把课程评价分为自我评价和外来评价。
3. 根据评价的目的不同，可把课程评价分为诊断性评价、形成性评价和总结性评价。
4. 根据评价的参照标准或评价反馈策略的不同，可把课程评价分为绝对评价、相对评价和个体内差异评价。
5. 根据评价手段的不同，可把评价分为量性评价和质性评价。

三、国外定义

1. 英国课程专家凯利认为，课程评价是评估任何一种特定的教育活动的价值和效果的过程。
2. 泰勒在"八年研究"期间提出了课程评价的概念。他认为，课程评价过程实质上是一个确定课程与教学计划实际达到教育目标的程度的过程。

四、价值取向

（一）目标取向的课程评价

这种观点的主要代表人物是被称为"现代评价理论之父"的泰勒及其学生布卢姆等人，他们认为课程评价是将课程计划和预定课程目标相对照的过程。在这里，预定目标是评价的唯一标准，它追求评价的科学性与客观性，因而，这种取向的评价的基本方法论就是量化研究方法，并常常将预定目标以行为目标的方式来陈述。

（二）过程取向的课程评价

这种评价试图将教师和学生在课程开发、实施以及教学过程中的全部情况都纳入到评价的范围之内，强调评价者与具体情境的交互作用，主张不论是否与预定目标相符，与教育价值相关的结果，都应当受到评价。

（三）主体取向的课程评价

这种观点认为课程评价是评价者与被评价者、教师与学生共同建构意义的过程。

五、典型取向

（一）取向探讨

科学主义取向和人文主义取向可以被看作是评价连续体上相对立的两端。持科学主义的人相信真正的实验，而实验通常集中在结果或影响上。课程评价采用实验处理的方式，评价的目的是要了解经过实验处理后所产生的结果。为了使评价结果具有信度和效度，必须控制课程以外的各种变量，以免干扰人们了解实验处理与实验结果之间的关系。而且，评价者必须严格采取中立的态度，防止带有个人的价值观。在他们看来，唯有这样，评价的结果才是精确的。采取这种趋向的人趋向于把他们的注意力集中在学生身上，并常常把测验分数作为主要数据，以便用来与不同情境中的学生成绩相比较，它所收集的材料都是定量的，因而可以进行科学的分析、比较，并在此基础上做出有关课程计划的决定。

人文主义取向也称自然主义取向。人文主义取向的人认为实验是无法接受的，因为社会现象是很复杂的，各种事物都是相互关联的，我们不可能把它切割开来分别加以研究。因为人类的行为表现都是与特定情境联系在一起的，若要了解它们，必须将它们置于其原来的情境之中。而其评价者作为一个人，要完全排除个人主观倾向是不可能的，所以他们主张评价者与实际情境的交互作用。换言之，课程评价取向的人所分析的材料，与科学主义评价中所收集的材料是有所不同的。人文主义评价中收集的材料大多是定性的，而不是定量的。通过与参与者的交谈和讨论所获得的材料，也可用来作为评价的依据。

评价者从各种观察中获得的主观印象，也可作为评价的材料。所以，他们更多是采取对实际情形的文字描述，而不是数据分析。

（二）评价探讨

评价者有时只关注评价课程计划本身，有时则可能只关注评价课程实施后的结果。斯克里文把前一种称为"内部评价"。这种评价准则通常都直接指向计划本身，即只是试图回答这样一个问题："这项课程计划好在哪里？"斯克里文用研究一把斧头作为内部评价的一个例子。人们在考虑一把斧头时，可以研究斧头的设计、所选用的材料、重量的比例、把手的形状和合适性。人们可以假定：设计良好和选材合适的斧头砍柴会很快。一般人们不会去直接测量砍柴这个事实。同样，课程评价者也可以就课程设计所包括的特定内容、课程内容的正确性、课程内容排列的方式、课程计划所涉及的学生经验的类型以及所包括的教学材料的类型来评价课程计划本身的价值。人们也可以假设，如果课程计划设计、组织得很好，并有可靠的基础，就有可能在促进学生学习方面是有效的。

尽管评价者从事这种内部评价（即确定课程本身是否有价值）的理由是显而易见的，但也有人对此不以为然。他们关注的不是"这项课程计划好在哪里？"的问题，而是"课程达到目标的实际情况如何？"的问题，即把重点放在考察课程实施的结果上。斯克里文把它称为"结果评价"。"结果评价"主要用来考察课程计划对学生所产生的结果，但也可以用来考察对教师和行政人员产生的结果。这种评价取向一般是通过对前测与后测之间、实验组与控制组之间，或其他标准参数之间的差异来作出判断的。许多教育者都倾向于采用结果评价。在一些人看来，结果评价实际上是唯一可信赖的评价，因为它提供了确定课程对学生所产生的结果的可靠信息。

形成性评价是指为改进现行课程计划所从事的评价活动。它是一种过程评价，目的是要提供证据以便确定如何修订课程计划，而不是评定课程计划的优良程度。也就是说，它要求在课程设计的各个阶段不断地收集信息，以便在实施前加以修正。

总结性评价也称终结性评价，是在课程计划实施之后关于其效果的评价。它是一种事后评价，目的是要对所编制出来的课程质量有一个"整体"的看法。它通常是在课程计划完成后，并在一定范围内实施后进行的。它的焦点放在整个课程计划的有效性上，以便就这项课程计划是否有效做出结论。

无论是形成性评价还是总结性评价，都不是指某些特定的评价方法，而是指它们在课程编制过程中的作用。一般来说，形成性评价关注的是课程问题的起因，总结性评价关注的是课程问题的程度；形成性评价的结果主要是为课程编制者改进课程所用，总结性评价的结果主要是为课程决策者提供指定政策的依据；形成性评价关注课程计划的改进，总结性评价关注的是评定课程计划的整体效果。最后，尽管总结性评价通常是在课程计划结束之后进行的，但它也可以在课程编制过程的各个阶段结束时进行。

六、课程评价模式

（一）目标评价模式

目标（objective）评价模式是在泰勒的"评价原理"和"课程原理"的基础上形成的。"评价原理"可概括为七个步骤：确定教育计划的目标；根据行为和内容来解说每一个目标；确定使用目标的情境；设计呈现情境的方式；设计获取记录的方式；确定评定时使用的计分单位；设计获取代表性样本的手段。泰勒的评价原理是以目标为中心来展开的，主要针对 20 世纪初形成并流行的常模参照测验的不足而提出的。

泰勒的"课程原理"可以概括为四个步骤：确定课程目标、根据目标选择课程内容、根据目标组织课程内容、根据目标评价课程。其中，确定目标是最为关键的一步，因为其他所有步骤都是围绕目标而展开的。这也是为什么人们把它称为目标模式的原因。在泰勒看来，如果我们要系统地、理智地研究课程计划，首先必须确定所要达到的目标。除非评价方法与课程目标相切合，否则评价结果便是无效的。由此可见，评价的实质，是要确定预期课程目标与实际结果相吻合的程度。目标评价模式强调要用明确的、具体的行为方式来陈述目标。评价是为了找出实际结果与课程目标之间的差距，并可利用这种信息反馈作为修订课程计划或修改课程目标的依据。由于这一模式既便于操作又容易见效，所以很长时间内在课程领域中占有主导地位。但由于它只关注预期的目标，忽视了其他方面的因素，因而导致了不少人的批评。

（二）目的游离评价模式

目的游离（goal-free）评价是斯克里文针对目标评价模式的弊端而提出来的。他认为，评价者应该注意的是课程计划的实际效应，而不是其预期效应，即原先确定的目标。在他看来，目标评价模式只考虑到预期效应，忽视了非预期的效应（或称为"副效应""第二效应"）。

斯克里文主张采用目的游离评价的方式，即把评价的重点从"课程计划预期的结果"转向"课程计划实际的结果"上来。评价者不应受预期的课程目标的影响。尽管这些目标在编制课程时可能是有用的，但不适合作为评价的准则。因为评价者要收集有关课程计划实际结果的各种信息，不管这些结果是预期的还是非预期的，也不管这些结果是积极地还是消极的。只有这样才能对课程计划做出准确的判断。

然而，目的游离评价也招致了不少人的批评。主要的问题是，如果在评价中把目标搁在一边去寻找各种实际效果，结果很可能会顾此失彼，背离评价的主要目的。此外，目的完全"游离"的评价是不存在的，因为评价者总是会有一定的评价准备，游离了课程编制者的目的，评价者很可能会用自己的目的来取而代之。严格地说，目的游离评价不是一个完善的模式，因为它没有一套完整的评价程序，所以有人把它当作一种评价的原则。

(三) CIPP 评价模式

CIPP 是由背景评估（context evaluation）、输入评价（input valuation）、过程评价（processe valuation）、成果评价（product evaluation）这四种评价名称的英文第一个字母组成的略缩词。斯塔弗尔比姆认为，评价不应局限在评定目标达到的程度上，而应该是为课程决策提供有用信息的过程，因而他强调，重要的是为课程决策提供评价材料。CIPP 模式包括收集材料的四个步骤。

背景评价，即要确定课程计划实施机构的背景，明确评价对象及其需要，明确满足需要的机会，诊断需要的基本问题，判断目标是否已反映了这些需要。

输入评价，主要是为了帮助决策者选择达到目标的最佳手段，而对各种可供选择的课程计划进行评价。

过程评价，主要是通过描述实际过程来确定或预测课程计划本身或实施过程中存在的问题，需要对计划实施情况不断加以检查。

成果评价，即要测量、解释和评判课程计划的成绩。它要收集与结果有关的各种描述与判断，把他们与目标以及背景、输入和过程方面的信息联系起来，并对它们的价值和优点做出解释。

CIPP 评价模式考虑到影响课程计划的种种因素，可以弥补其他评价模式的不足，相对来说比较全面。但由于它的操作过程比较复杂，难以被一般人所掌握。

(四) 外观评价模式

外观（countenance）评价模式是由斯塔克提出的。他认为，评价应该从三方面收集有关课程的材料：前提条件、相互作用、结果。前提条件是指教学之前已存在的、可能与结果有因果关系的各种条件；相互作用是指教学过程，主要是指师生之间和学生之间的关系。结果是指实施课程计划的效果。对于这三个方面的材料都需要从两个维度——描述与批判——做出评价。描述包括课程计划打算实现的内容和实际观察到的情况这两方面的材料；评判也包括根据既定标准的评判和根据实际情况的评判两种。

按照外观评价模式，课程评价活动要在整个课程实施过程中进行观察和收集资料。它不限于检查教学结果，而是注重描述和评判在教学过程中出现的各种动态现象。由于它把课程实施过程前后的材料作为参照系数，这比以前的评价模式更为周到。但它把个人的观察、描述的判断作为评价的主要依据，很可能会渗入个人的主观因素。此外，前提条件、相互作用和结果因素三者的界限并不是绝对的，相互作用或教学过程本身会存在众多的前因与后果。

(五) 差距评价模式

差距（discrepancy）评价模式是由普罗佛斯提出的。他指出，一些评价模式只重视几种课程计划之间的比较，没有注意该计划本身所包含的成分。而事实上，一些自称在实施某种课程计划的学校，并没有按照该课程计划来运作，所以，这类计划之间的比较并没有什么意义。差距模式旨在揭示计划的标准与实际的表现之间的差距，以此作为改进课程计划的依据。差距评价模式包括五个阶段。

设计阶段，即要界定课程计划的标准，以此作为评价依据。

装置阶段，它要了解所装置的课程计划与原先打算相吻合的程度，所以必须收集已经装置的课程计划有关方面（包括预期目标、前提条件和教学过程）的材料。

过程阶段，或称过程评价，即要了解导向最终目的的中间目标是否达成，并借此进一步了解前提条件、教学过程、学习结果的关系，以便对这些因素做出调整。

产出阶段，或称结果评价，即要评价所实施的课程计划的最终目标是否达成。

成本效益分析阶段，或称为计划比较阶段，目的在于表明哪种计划最经济有效。这需要对所实施的计划与其他各种计划做出比较。

在这个评价模式中，除了最后一个阶段，前四个阶段都需要找出标准和实际表现，比较这两者之间的差距，探讨造成差距的原因，并据此决定是继续到下一阶段，还是重复这一阶段，或是中止整个计划。

差距评价模式注意到课程计划应该达到的标准（应然）与各个阶段实际表现（实然）之间的差距，并关注造成这种差距的原因，以便及时做出合理的抉择，这是其他评价模式所无法比拟的。但在"应然"与"实然"之间，会遇到许多价值判断的问题，这是一般评价手段难以解决的。

第九章 教学原理与课堂教学

　　中共中央办公厅、国务院办公厅印发的《关于进一步加强和改进新形势下高校宣传思想工作的意见》明确提出，要着力增强大学生思想政治教育的针对性、实效性，启动大学生思想政治教育质量提升工作。新形势下，进一步提升"马克思主义基本原理概论"（以下简称"原理"）课的课堂教学实效性，对于大学生积极培育和践行社会主义核心价值观，提高运用马克思主义立场、观点和方法分析、解决问题的能力，不断坚定中国特色社会主义的道路自信、理论自信、制度自信，坚定理想信念，健康成长为德智体美全面发展的社会主义建设者和接班人而言意义重大。新时期要进一步提升"原理"课的课堂教学实效性，把课真正讲到学生心坎里去，需要教师下功夫着力四个维度：

　　当然，从来都没有在任何情况下都适用的一劳永逸的教学方法。不管是传统常用的，还是变革创新的，每一种方法都有其优点和缺点。"某种方法对某些情况来说是成功的、有效的，但对另一些情况、另一些专题、另一些学习形式来说，则可能根本不行。"所以，教师在"原理"课课堂教学过程中，需要在把握教学目的、读懂教学对象、吃透教材理论的基础上，合理选择、精心设计、改进创新、灵活运用多种不同的教学方法。

第一节 教学的概念

　　教学是教师的教和学生的学所组成的一种人类特有的人才培养活动。通过这种活动，教师有目的、有计划、有组织地引导学生学习和掌握文化科学知识和技能，促进学生素质提高，使他们成长为社会所需要的人。

　　教学行为是指教学过程中，为达到一定的教学目的，教师和学生所采取的行为。不仅是教师与学生之间的相互作用、学生之间的相互作用，还包括教师、学生与整个教学环境的相互作用，主要是研究课堂教学中教师与学生的相互作用。研究时可分为教授行为与学习行为，也可分为教师行为与学生行为。

　　从教师教授行为方面看，教师不仅对学生施加影响，也受学生行为的影响。教师不断观察学生的行为以修正自己的行为，一般有观察、诊断、施加作用、评价等行为。从学生学习行为方面看，学生行为发生在教学环境中，要受教学环境的影响，一般有确认、接受、判断和评价等行为。在课堂教学设计中，教学行为的设计是非常重要的。

从文艺复兴到 20 世纪上半期，教育学已经从哲学、政治学、伦理学中分离出来，但教学行为研究还是借助于其他教育问题，以经验的形式存在于教学研究之中，没有形成一门独立的研究。直到 20 世纪六七十年代，研究者逐渐把注意力聚焦到课堂上，教学行为才进入研究的新阶段。通过对课堂教学行为的观察、记录和分析，可以发现课堂教学存在的问题，反思教师教学的不足，达到改善教学方法、提高课堂效率、提升教师专业技能的目的（闫龙，2007）。

一、教学行为的内涵

对教学行为的定义大致上可以分为广义和狭义两种；广义的教学行为是指一切与教学有关的教育活动。例如，Flanders（1960）将教学行为定义为："是由教师引起、维持或促进学生学习的所有行为。"Brown.C.A.（1982）认为："教学行为是一种传授社会经验的手段，通过教学传授的是社会活动中的各种关系的模式，图示。"李松林（2005）将课堂教学行为定义为："教师唤起、保持或促进学生学习的所有行为，即教师为了帮助学习主体顺利完成学习而对其提供的各种支持、服务、指导活动总和。"

狭义的教学行为是指课堂教学中，教师采取的外显的、可观察的行为。《教育大辞典》（1997）将教学行为定义为："教学过程中，为达到一定的教学目的，教师和学生所采取的行为。"戴国忠（1994）指出："教学行为是由教师自身的教学观所决定的，并在课堂生活中展现出来的，是教学系统中最能动性的部分。"傅道春（2001）指出："教学行为是教师在教学过程中，依据教学经验和教学内部关系，对实施中的可操作因素的选择、组合、运用和控制的工作行为，它包括对各种教学要素的专业化理解与教学运行中的设计、程序、手段、方式和方法。"

可能是因为教学行为是司空见惯的教育现象、是不言自明的概念，因而人们在使用这一概念时大都未对其加以严格的界定。（段作章，2015）首先，教学行为是可观察、可操作的行动方式，可以表现在教学设计、教学实施、教学评价、学习指导等多个领域，是一个内涵丰富、形式多元的复杂结合体。其次，教师学习并且实践先进的教学理念，不断探索新的教学方法，引领和促进教学行为的变革，所以教学行为的主体是教师。最后，教学行为是教师信念的外显。每一位教师都有不同的教师信念，在课堂上使用什么教学方法，如何管理学生，怎样实施教学活动，这些信念都会通过他的教学行为显示出来。

二、教学行为的特点

（一）目的性

行为是指为实现某种意图而具体地进行活动。教育是指有目的、有计划、有组织的培养人才的社会实践。教学作为学校教育的主要内容充分体现了这一特点。教学行为的目的服从于教学目的。教学行为的目的与教学效益密切相关，教学行为目的越明确，导向作用越大，效益越高。例如一堂英语课的教学目标是让学生掌握现在进行时这个语法，那么教师就会根据这个目标采取列举例句、小组讨论、提问造句等等的教学行为。有了明确的教学目标，课堂的效率才会提高。

（二）社会性

教学活动是一种社会活动，所以教学行为也就带上了许多社会内容。教学实践，教学行为必须按照社会实践的原则、规律进行，根据社会发展的客观规律改变自己的教学行为，通过教师的教学行为反映出优秀的传统文化，并不断改善教学行为。

（三）创造性

从宏观角度看，当社会经济体制发生变革时，教育目的、教育功能也发生相应的变化，教学行为也要做出创造性的变化。从微观角度看，教师面对不同的学生时，教学方法也要相应改变，富有创造性。例如面对水平较高的学生，学生容易掌握基本的知识点，那么教师就要使用既能回顾知识点又能锻炼学习能力的教学活动；面对水平较低的学生，教师就要使用传统的教学方法，并且要科学地创造出高效的、更容易被学生接受的教学方法。

（四）个体性

每个教师都是与众不同的个体，有着自己的思维、性格、习惯，并通过教学行为反映在课堂上。例如，有的教师性格开朗，喜欢与学生打成一片，那么在他的课堂上，师生或生生间的小组活动相对较多，教师反馈相对较多，课堂氛围相对轻松；有的教师性格沉稳内敛，那么板书行为和提问行为相对较多。因此，教学行为具有明显的个体性。

（五）有效性

在课堂教学中，教学行为各环节和步骤设计的科学规范可以取得相应的教学效果，如果教学行为的整体功能水平得到提高，就会创造出更大的教学效益。

三、教学行为研究对教师课堂教学的意义和作用

（一）教学行为研究有助于明确教师的信念

教师的信念通过教学行为表达出来，如果教师在课堂教学中通过板书、提问、课堂活动等一系列教学行为完成了课堂的教学目标，说明教师对课堂和学生有明确的设计和预估，并且通过科学规范的教学行为达到目标。因此，教师通过反思自己课堂教学中的不足，明确教师信念。

（二）教学行为研究有利于加强教学理论与教学实践的研究

教师信念与教学行为之间是彼此联系、相互影响的，但在课堂教学中还是存在着教学

理论与教学实践脱节的现象。一位教师的教学行为是其教师信念的外显，因此，教师只有对教学的理念有充分的认识和理解，并以此理念作为指导，对自己的教学行为进行积极的反思，并以新的理念为基础进行教学设计，实施到课堂教学中，教学理论才得以落实。因此，教学行为的研究有利于教学理论与教学行为的匹配。

在课堂教学中，只有教学行为科学合理地投入，才能产生最好的教学效益。所以，明确教学行为的内涵和特点有助于我们更好地理解教学行为，这对提升教师技能、改变教师观念和提高教学效果有着重大意义。

第二节　教学设计

教学设计是根据课程标准的要求和教学对象的特点，将教学诸要素有序安排，确定合适的教学方案的设想和计划。一般包括教学目标、教学重难点、教学方法、教学步骤与时间分配等环节。

一、定义

加涅曾在《教学设计原理》（1988年）中界定为："教学设计是一个系统化（systematic）规划教学系统的过程。教学系统本身是对资源和程序做出有利于学习的安排。任何组织机构，如果其目的旨在开发人的才能均可以被包括在教学系统中。"

帕顿（Patten.J.V.）在《什么是教学设计》一文中指出："教学设计是设计科学大家庭的一员，设计科学各成员的共同特征是用科学原理及应用来满足人的需要。因此，教学设计是对学业业绩问题（performance problems）的解决措施进行策划的过程。"

赖格卢特（Charles.M.Reigeluth）对教学设计的定义基本上同对教学科学的定义是一致的。因为在他看来，教学设计也可以被称为教学科学。他在《教学设计是什么及为什么如是说》一文中指出："教学设计是一门涉及理解与改进教学过程的学科。任何设计活动的宗旨都是提出达到预期目的的最优途径（means），因此，教学设计主要是关于提出最优教学方法的处方的一门学科，这些最优的教学方法能使学生的知识和技能发生预期的变化。"

梅里尔（Merrill）等人在新近发表的《教学设计新宣言》一文中对教学设计所作的新界定值得引起人们的重视。他认为："教学是一门科学，而教学设计是建立在这一科学基础上的技术，因而教学设计也可以被认为是科学型的技术（science-based technology）。"

美国学者肯普给教学设计下的定义是："教学设计是运用系统方法分析研究教学过程中相互联系的各部分的问题和需求。在连续模式中确立解决它们的方法步骤，然后评价教学成果的系统计划过程。"

学习教练肖刚定义教学设计："教学设计是一个系统设计并实现学习目标的过程，它遵循学习效果最优的原则，是课件开发质量高低的关键所在。"

二、特征

教学设计具有以下特征。

第一，教学设计是把教学原理转化为教学材料和教学活动的计划。教学设计要遵循教学过程的基本规律，选择教学目标，以解决教什么的问题。

第二，教学设计是实现教学目标的计划性和决策性活动。教学设计以计划和布局安排的形式，对怎样才能达到教学目标进行创造性的决策，以解决怎样教的问题。

第三，教学设计以系统方法为指导。教学设计把教学各要素看成一个系统，分析教学问题和需求，确立解决的程序纲要，使教学效果最优化。

第四，教学设计是提高学习者获得知识、技能的效率和兴趣的技术过程。教学设计是教育技术的组成部分，它的功能在于运用系统方法设计教学过程，使之成为一种具有操作性的程序。

三、方法

1. 教学设计要从"为什么学"入手，确定学生的学习需要和学习目标；
2. 根据学习目标，进一步确定通过哪些具体的教学内容提升学习者的知识与技能、改善其过程与方法、培养其情感态度与价值观，从而满足学生的学习需要，即确定"学什么"；
3. 要实现具体的学习目标，使学生掌握需要的教学内容，应采用什么策略，即"如何学"；
4. 要对教学的效果进行全面的评价，根据评价的结果对以上各环节进行修改，以确保促进学生学习，获得成功的教学效果。

四、目的

是为了提高教学效率和教学质量，使学生在单位时间内能够学到更多的知识，更大幅度地提高学生各方面的能力，从而使学生获得良好的发展。

五、教案设计的原则

（一）系统性原则

教学设计是一项系统工程，它是由教学目标和教学对象的分析、教学内容和方法的选择以及教学评估等子系统所组成，各子系统既相对独立，又相互依存、相互制约，组成一个有机的整体。在诸子系统中，各子系统的功能并不等价，其中教学目标起指导其他子系统的作用。同时,教学设计应立足于整体,每个子系统应协调于整个教学系统中,做到整体与部分辩证地统一,系统的分析与系统的综合有机地结合,最终达到教学系统的整体优化。

(二)程序性原则

教学设计是一项系统工程,诸子系统的排列组合具有程序性特点,即诸子系统有序地成等级结构排列,且前一子系统制约、影响着后一子系统,而后一子系统依存并制约着前一子系统。根据教学设计的程序性特点,教学设计中应体现出其程序的规定性及联系性,确保教学设计的科学性。

(三)可行性原则

教学设计要成为现实,必须具备两个可行性条件:一是符合主客观条件。主观条件应考虑学生的年龄特点、已有知识基础和师资水平;客观条件应考虑教学设备、地区差异等因素;二是具有操作性。教学设计应能指导具体的实践。

(四)反馈性原则

教学成效考评只能以教学过程前后的变化以及对学生作业的科学测量为依据。测评教学效果的目的是为了获取反馈信息,以修正、完善原有的教学设计。

1. 基本要求

对各学科教案的设计,都有一个基本要求。每一个教师在达到了基本要求之后,要写出学科特色和个人的教学风格来。

教案中必须有:

教学内容(教学课题)、教学目标、教学重点、教学难点、板书设计(及演示文稿PPT)、主要教学方法、教学工具、各阶段时间分配、教学过程(五个环节)、教师活动、学生活动、各阶段设计意图、课后评价与反思等内容。

同一个教学内容,在同一时期,不同的教师设计的教案形式可以不同。

同一个教学内容,在不同时期,同一个教师设计的教案也会不同。

每个人都有自己的设计方法和风格,只求基本部分相同,不求完全相同。

教师的备课和讲课,要依据《纲要》和《课标》、依据教材,但是不能唯《纲要》和《课标》、教材,要根据该地区的情况、学校的条件、学生接受能力和水平,二次开发教材。要发挥出自我,要体现出自身的价值来,让听课的专家、领导和教师在课堂上能够"找到有悟性的你"。

青年教师教案要详细,但是不能超过A4纸5页。有经验的中老年教师教案要简洁(简洁不简单),但是不能少于A4纸2页。教案要保留书面和电子两种形式,以备后期利用和检查。杜绝无教案上课,后补教案和不规范教案。

教案的后期利用是指将旧教案复制过来。首先是改换日期时间等基本信息。然后,根据信息技术发展的情况、所授班级的情况、教学环境的变化,个人信息技术的教育教学观念的改变，个人教育教学水平和能力的提高等，将教案中的旧的东西剔除掉，加进新的教育教学观点、概念和方法，加进新的信息技术的知识和技能，加进更切合本班学生实际的例子等。最终，将旧教案改变为适合教育教学的新教案。

在课堂实施的过程中，也要根据实际的课堂教学情况的变化而变化，能够灵活多变地、轻松自如地驾驭课堂，不拘于教案。

设计教案目的是在上课时，给自己看的，不是给学生或是其他什么人看的。

但是，对于同行教师进行教学交流、讨论研究的教案，对于教学领导检查教学要看的教案，对于教学设计大赛和评比的教案，对于选入《教学设计案例》的教案，一定要注意区别对待。

对于同一节课的教学内容，不同用途的教案，可以根据不同的需求写成多种形式。既不要求个个都做成经典教案，亦不必投入太多的无谓劳动。教案可繁可简、可粗可细，但是都要认真地对待，最起码也要符合教案设计的基本要求。

2. 教案介绍

教案应当是课堂教学思路的提纲性方案。设计完成一个教案的同时，在备课教师的头脑中也会形成一个完整的授课方案。撰写出来的教案也只是实施课堂教学过程的一个骨架结构，不能将课堂中教师所说的每一句话、每一个想法、每一件事都写进教案中去。在课堂教学实施的过程中，会有许多的不定因素出现，要靠备课时的充分准备，靠平时的知识积累，靠实事求是地真诚对待来应对。

教师进行课堂教学时的两个依据：一是依据课程标准（大纲）；二是依据教科书（教材）。又要根据学生的实际情况、教学的环境、教师自身能力、社会科学技术的发展变化，以及考虑教育教学思想理念的变化等因素的影响，又不完全依赖课程标准和教科书，充分发挥出自己的主观能动性，在课堂教学中展示出自己的特色来。

教师在进行课堂教学时的一个原则：不能出现任何的科学性错误。不能将不确定的（可能是……）、自己臆想的（应该是……）、没有科学依据（我认为……）的东西教给学生。

（五）教案具体撰写

1. 教学内容：（课题）

"不谋全局者，不足谋一域。不知整体教材者，不能教好一节课。"每一节课教案的教学内容（也称为课题）要有具体的章、节的名称，说明本节课的内容在本学段教材中的具体位置。有时此项名称为了明显地与科研"课题"名称区别，以免造成混淆，还是写成"教学内容"为好（科研课题也不是一节课时间就能轻易地完成的）。

2. 课型：（课的类型）

教师根据不同的教学任务而确定的课的类型，即为课型。

例如：新授课、复习课、实验课、实习课、检查课、测验课、综合课、活动课等。

新授课是以讲解新知识为目的的课。

复习课是以复习巩固所学知识为目的的课。

实习课是以培养学生技能、技巧为目的的课。

测验课是以检查学生掌握知识和技能程度为目的的课。

综合课、活动课是将讲授、复习巩固、检查提问、作业练习等活动交叉进行的课。

任课的教师要根据选择的教学任务和教学实际情况,来确定课的类型。

3. **教学目标**

教案主要是给教师在课堂教学中(年轻教师有时)看的,不是给听课的学生看的。

"教学"是"教"与"学"双向互动的,既有"教"的考虑,同时也有"学"的思量。

"学习"只是单方向的"学",没有"教"的内容。

所以,此栏目的名称不能是站在学生角度的"学习目标",应当是站在教师角度的"教学目标"。

在设计课堂教学目标(知识、技能、情感)时,要注意将课程需要关注的三个方面(知识与技能;过程与方法;情感态度与价值观)融入每一节课中去,要具有可实施性、可检测性、唯一性。

例如:信息技术学科。

①《课标》中的课程总目标是:提升学生的信息素养。

学生的信息素养表现在:对信息的获取、加工、管理、表达与交流的能力;对信息及信息活动的过程、方法、结果进行评价的能力;发表观点、交流思想、开展合作并解决学习和生活中实际问题的能力;遵守相关的伦理道德与法律法规,形成与信息社会相适应的价值观和责任感。

归纳为课程需要关注的三个方面:

知识与技能;过程与方法;情感态度与价值观。

(有人将"知识与技能、过程与方法、情感态度与价值观"各画成一条数轴,三条数轴在原点交叉,并相间隔90°,形成空间立体三维直角坐标系。即所谓的"三个维度",只不过是个"文字游戏"而已。)

②课堂教学目标是:知识、技能、情感。

每一节课中,课堂教学目标有三条左右的具体目标即可。

知识、技能、情感三个方面的教学目标,有时可以各自单独写成一条,更多的是两两合在一起写成一条,或是三三合写成一条。反对本本主义,反对教条主义,要根据课堂教学的实际情况撰写课堂教学目标。

知识目标中,常用"知道""了解""理解"等词语来表述。

技能目标中,常用"学会""掌握""熟练掌握"等词语来表述。

情感目标中,常用"体会""体验""感受""认识"等词语来表述。

(见《课标》《教研手册》)

课堂教学目标是撰写教案的过程中，比较难写的部分。需要授课教师对此章、节的教材有全面的认识和较深的理解。

教学目标写大了、写多了，脱离了实际情况，在本节课内根本就完不成。

常见的情况是：将宏观的学科课程目标作为具体每一节课的教学目标。

思想方法、行为习惯、世界观等，在一节课内能形成吗？

（消灭一个人容易，改造一个人的思想和世界观不容易）。

教学目标写小了、写少了，在本节课里教给学生的知识、能力太少，知识的密度信息量不够。

教学目标写偏了、写远了，说明没有把握好教材，对教材的理解和认识不到位。

（知识部分的教学目标，是指信息的知识、信息技术的知识、信息素养的知识、信息文化的知识、信息技术学科的知识等。不能是历史、地理、生物等其他学科的知识）。

课堂教学目标的设置要具体、可操作。只能用于本节课，而不能用于其他节课，每一节课的教学目标应当具有唯一性。

检测一节课教学目标唯一性的方法：

本节课教学目标，如果放在上一节课的教案中，或者放在课的教案中，或者是放在一学期、一学年的教案中，或者是放在了其他学科的教案中都适用，就说明了此教学目标不具有唯一性，就是不可取的教学目标。

评价一节课的好与坏，主要是看课前设置的教学目标是否能实现。其次，才是看其他项目是否达标。切忌在设计教学目标时，缺少"知识、技能、情感"中的任何一项。课程的三个方面（知识与技能、过程与方法、情感态度与价值观）要很好地分散、贯彻到每一节课的教学目标（知识、技能、情感）中去。

如果对课程的"三个方面"理解不透彻，就不能落实到每一节课的教学目标之中去。

例如：许多的活动课、体验课、讨论课等，很容易缺少"知识"项，甚至缺少"知识"和"技能"两项，只有"情感"一项。

如果一节课的教学过程中没有教给学生信息的知识、信息技术的知识、信息技术学科的知识、信息文化的知识、信息素养方面的知识，那还叫是信息技术课吗？

如果学科的教学过程中始终不讲"知识"，只教"方法"，是不是14个学科（语数外、政史地、理化生、音体美及信息技术和通用技术）可以合并为1个学科了呢？如果只教"情感"，是不是14个学科要综合为1个"穷聊"学科了呢？

信息技术学科中，有一部分教师对《课标》的精神和理念理解不透，对"情感目标"情有独钟。设计的许多教学案例中（甚至一些《信息技术学科教学案例集》中），几乎没有一个有"知识目标"的。只有个别案例中有"技能目标"，其余的案例中，都只有"情感目标"。

在课堂教学目标中写出"情感"的内容是较难的。"这儿既是一个技术问题，又不是一个技术问题。"用文笔将"情感目标"写出来，就是一个技术问题，这不好写。但是，如果将"情感目标"实实在在地写出来，又觉得不是那么一回事，总是觉得有些牵强、附会。

"情感"的内容应当是"水滴石穿"地渗透、融化到各个学科的每一堂课中去。应当通过设计的教学活动内容，在课堂教学的过程中，自然而然地、具体实在地、生动灵活地、潜移默化地体现出来。所以说："这又不是一个写出来的技术问题。"

首先要说明一下是什么"情感"。

信息技术课程中的情感应当是：

①培养学生对信息的情感、对信息技术的情感、对信息技术知识的情感、对信息技术学科的情感、对信息文化的情感等。

（这部分情感是要求在情感目标中写出来主要内容。写出来的确是个技术问题）。

②培养学生对广大劳动人民群众的情感，对中国几千年来的文明历史的情感，对中华民族灿烂的优秀文化情感，对中国共产党领导全国人民大众建立、建设社会主义祖国的情感，对社会主义祖国建设和发展取得巨大成就的情感等。

③培养学生对建立健全正确的、科学的哲学思想和世界观的情感，利用辩证唯物主义思想分析事物的情感，对学习和使用唯物辩证法解决实际问题的情感等。

（这部分情感是要求在课堂教学中潜移默化地、水滴石穿地、春雨绵绵地渗透到其中。此情感目标可不用写出来，就不存在写出来的技术问题。但是，在教学评价表中，是有进行辩证唯物主义教育分数的）。

（外语学科的教学目标，撰写"情感"的教学目标是比较令人头疼的）。

在教学目标中，如果没有"知识"的内容，就没有了学科之间的区别度，14个学科就可以合并为1个学科了。

"概念、事实和规则"属于知识的内容。这里所说的"知识"是指"信息的知识、信息技术的知识、信息技术学科的知识、信息文化的知识。"而不是物理知识、数学知识、语文知识、历史知识、地理知识、生物知识、体育知识、外语知识等。

不能以任何的借口（如："个别的课可以。"），使三维的课堂教学目标变为二维或一维的教学目标。

活动主题：（可略）

本节课中设计要做的一件具体事情。通常教学使用的教案可不设置此栏，一般是用于教学设计大赛、教案评比，或者是上级业务部门督导、审查等情况必须加上。因为此时你没有发言的机会，只能从教案中加以说明。

活动指导思想：（可略）

参见《课标》的理念部分，结合本节课的实际内容。

六、教学设计"三部曲"

众所周知，教学设计是教师组织课堂教学之前的一个重要环节。而教材解读和文本解读更是教学设计的重要前提，因为解读结果决定了教学内容和教学方法的选择，从而指引着教学设计的走向。所以，教学设计应有以下三个基本步骤。

（一）教材解读——明确"需要教"的内容

不同的年级、不同的单元、不同的课文有不同的教学要求，教材解读就是要在这样的框架之中进行，以明确具体课文"需要教"的内容。就教材本身而言，课文《干将莫邪》要求在了解"赤"复仇的缘由及曲折过程的基础上，对主要人物楚王、赤、客的思想性格特点进行分析。由于《搜神记》从不同的方面反映出当时的社会面貌和人民的思想感情，教材编选这篇课文也是出于这方面的考虑，所以对上述三个人物就有一个比较大众化的理解：楚王是封建君王的代表人物，他集凶残、贪婪、心虚、愚蠢于一身；赤和客不畏强暴，集中体现了古代劳动人民刚正不阿、疾恶如仇、信守承诺、舍生取义的思想性格。这样的分析充分体现了《搜神记》的创作意图和教材的编写意图，也明确了教师"需要教"的内容。

（二）文本解读——明确"可以教"的内容

文本解读不同于教材解读，它是游离于具体教学要求和教材编写意图之外的存在。我们可以从侧面或反面等其他角度对文本进行解读，以期获得更多更新的理解，从而选择一些更适合学生的"可以教"的内容。对于《干将莫邪》这个具体的文本，笔者从现代人的视角对文中人物进行个性化的解读：人死万事皆休，干将大可不必交代妻子让儿子为他报仇，只需嘱咐妻子隐居乡野，让母子俩过上和平安定的生活，何乐而不为？赤轻信陌生人之言，自报身份，实在愚蠢至极；为报父仇，轻视生命，撇下家中老母，使之孤苦伶仃、无人侍奉，实在不孝至极。客与赤素昧平生，轻许诺言，以致献身，实为草率、莽撞之举。这样选择"可以教"的内容，既回避唯教材是瞻的樊笼，体现教师教学个性，又有利于激活学生的思维，激发学生学习、探究的兴趣，从而开辟出课堂教学的一片新天地。

（三）教法定位——明确"怎么教"的方法

明确了"需要教"和"可以教"的内容之后，就需要解决"怎么教"的问题。"怎么教"因"需要教"和"可以教"的内容而定。首先是"需要教"的内容，笔者采用点拨提示法来设计问题，引导学生分析反面人物楚王和正面人物赤、客。如"反面人物楚王有哪些特点？请从文中找出根据。例如，当客叫他到汤镬边去看煮头时，他不知是计，欣然前往，可见其蠢"。其次是"可以教"的内容，笔者采用讨论法，要求学生对正面人物从侧面进行思考和评价，指出其思想、性格的局限性。这样的教学设计不仅激活了学生思维，活跃了课堂气氛，而且引出对课后"思考与练习"的探讨。

总之，教学设计不仅仅包含显性的教学目标、教学重难点、教学程序，还应有多角度、深层次的文本解读和有的放矢的教法、学法设计，充分启发、激活学生的多向思维，培养学生的学习能力。

第三节　课堂教学的一般过程

是教育教学中普遍使用的一种手段，它是教师给学生传授知识和技能的全过程，它主要包括教师讲解，学生问答，教学活动以及教学过程中使用的所有教具，也称"班级上课制"。

与"个别教学"相对。把年龄和知识程度相同或相近的学生，编成固定人数的班级集体；按各门学科教学大纲规定的内容，组织教材和选择适当的教学方法；并根据固定的时间表，向全班学生进行授课的教学组织形式。

一、课堂教学的一般过程

（一）设立提问点

第一，在关键处设点。所谓的关键点有两层意思：一是指理解课文思想内容的关键点，二是指接受语文知识的难点。所谓关节点，往往是那些或隐或现地牵扯到课文主题和重要观点的词句。所谓学生接受语文知识的难点，既包括新出现的知识难点，也包括虽已学过却又似懂非懂的知识点。

第二，在具有思维价值的细微处设点。

第三，在文章中看似矛盾之处设点。

第四，在容易引起联想、想象处设点。

（二）问题的难度、坡度及密度

解答距，就是学生要经过一番思考才能解决问题，让思维的"轨迹"有一段距离。根据解答距的长短，提问可分为四个级别：第一级，初级阶段，所提的问题，学生只要参照学过的知识就可以回答，属于"微解答距"范围。第二级，中级阶段，所提问题虽无现成的"套子"可以依傍，但不过是现成"套子"的变化和翻新，属于"短解答距"范围。第三级是高级阶段，所提问题要求学生能综合运用学过的知识进行解答，属于"长解答距"范围。第四级是高级阶段的发展，属创造阶段，所提问题要求学生能采用特有的方式去创造性地解决问题，属于"新解答距"范围。

（三）发问的时机

1. 在学生自读之前发问。指向性发问，有利于提高自读效率。

2. 在学生自读完之后发问。允许学生发问，对学生所提问题进行归纳，提出一些诱导性的问题，进行启发。

3. 在学生思维处于停滞状态时发问。学生提不出问题时，教师应提出一些诱导性问题，把学生的思维引向深处。

4. 在教室出现议论声时进行发问。教室里有议论声时，说明学生大脑里产生了问题，教师处理有两种办法：一是停止讲课，让学生把自己的疑问表达出来；二是教师根据自己的经验马上提出一些问题，使学生的疑难及时解决。

5. 在课堂气氛沉闷时发问。

6. 在个别学生的注意力分散时发问。

7. 结课时提问。吸引学生注意力，生成新的问题。

二、优化课堂教学过程

多年来，不少教师在讲解文言文时，总是逐字逐句讲解，结果使许多学生好用"文白对照"的方式学习文言文，每篇课文都需要现成的译文，养成了对译文的依赖习惯。这种习惯导致学生课堂上一听就懂，"笔录"老师的口译，下课后一丢就忘，不见译文不知所以。如果一直用这种方法教与学，教学过程死搬硬套就会使学生误入歧途，对于提高教学质量，无异于饮鸩止渴。实践证明，课堂上满堂灌，字字解释，句句翻译，教师教得吃力，学生学得被动，课堂气氛死气沉沉，激发不起学生的求知欲，更无法谈提高学生的阅读能力与解决问题能力，并且这种越俎代庖的教学，违背了学生学习知识、认识事物的规律，必然导致教学效果失败。在我的教学中，改变这种陈旧的方法，一方面以学生为主体，充分发挥教师主导作用；另一方面充分调动学习积极性、主动性，形成学生自读、试讲，教师点拨、深析的教学过程。具体做法如下：

（一）学生自读、试讲

高一所选的文言文大都浅显易懂，学生有初中文言文学习基础，根据课文较为详细的注释，有能力读懂文章的大意。因而，每节课在明确了学习目标后，首先让学生认真自读，结合课下注释和工具书，基本扫清文字障碍，对于疑难字、词、句，回忆从前学过的知识，"温故而知新"，解决新的类似问题，养成边学边想，学与思结合的好习惯。遇到通过努力还未解决的"难点"，做上记号，以便下步解难时加强注意。经过这样的一段时间训练，我惊喜地发现同学们的自学能力有了一定的提高，我问他们的感受，他们说："这种方法使我们能够全神贯注地进入学习状态，理解字词的意思，把握文章的思想内容，培养出独立解决问题的能力。"针对学生急于"表演"的欲望并已具备一定的口头表达能力的特点，笔者让同学们在认真自读后，大胆走上讲台，回答其他同学的疑问。因为他们的知识水平相当，容易沟通，思维活跃，争强好胜，这样就使想上讲台的同学跃跃欲试。为了使自己的知识丰富些，能够解难，他们会更认真自读，积极思考，精心准备，而下面的同学们看到这位同学有新见解、新突破，更能激起学习兴趣。在比较中学习使同学乐于学语文，在得到良好的回报后，积极性更大，从而形成学习上的良性循环。例如，《触龙说赵太后》这篇课文的特点是情节生动，人物形象鲜明，语言也较通俗，很容易引起同学们的阅读兴趣。有一次，一位同学上讲台后就有人提出这样的问题："入而徐趋"怎样又徐又趋呢？这位同学就用动作生动而准确地表演了触龙应当快走但又因足疾走不快的神态。以"实际行动"代答，同学们印象深刻，取得了很好的效果。

（二）教师点拨、深析

学生试讲后，笔者给予评析，肯定讲得好的地方，指出需要校正和补充的地方，学生已懂的就一概不讲，尚模糊之处点拨，深奥难懂的地方着力讲，深入分析，务必使他们开窍。根据材料的不同和学生的实际情况，该补充时则补充。如学习《鸿门宴》时，简介历史背景，帮助学生把握课文内容；讲《过秦论》时，介绍作者的思想，使学生准确理解论点"仁义不施而攻守之势异也。"而遇到难点时就着力讲，深入分析，比如：《劝学》一课，二十个比喻，运用得非常巧妙，不仅把抽象的道理说得明白、具体、深入浅出，使学生们觉得生动有趣，容易接受，而且比喻的形式多种多样，有时用同类事物设喻，从相同的角度反复说明问题，强调作者的观点。有时将两种相反的情况组织在一起，形成鲜明的对照，从中明白道理。设喻方式有时先反后正，有时先正后反，内容各有侧重，句式也多变化，读来毫无板滞之感，由于这些比喻的含义和内在联系又是本文的重点和难点。因而在讲解时笔者抓住提示论点的关键语句和用以论证的比喻，不仅使同学们明确本文的论点和论证方法，而且一些难理解的字词句也迎刃而解，更利于学生对课文的理解、把握和背诵。

总之，优化课堂教学过程的目的是充分发挥学生的主观能动性和教师的主导作用，使自己的课堂更适于"素质教育"的改革要求，适于学生学习能力和综合素质的提高。

第十章 班级管理与学生发展

班级是学校学生管理的基本单位，是每个学生在校生活的"家"，它是学生实现成长和社会化的重要基础。"把班级还给学生，让班级充满成长气息"的课程改革理念要求学生成为班级管理的主人，特别是在丰富多彩的班级活动中应充分发挥学生的主体，从而使他们的身心得到锻炼，个性得到展现，因此作为班主任要努力引导学生发挥各自的主体作用，使班级成为学生学习的、个性成长的、自我管理的集体，让学生在班级的自我管理中健康快乐成长。

第一节 班级管理概述

班级管理是一个动态的过程，它是教师根据一定的目的要求，采用一定的手段措施，带领全班学生，对班级中的各种资源进行计划、组织、协调、控制，以实现教育目标的组织活动过程。班级管理是一种有目的、有计划、有步骤的社会活动，这一活动的根本目的是实现教育目标，使学生得到充分的、全面的发展。班级活动状况直接关系到学生的生活、学习和学习质量，任何一个好的学校都会把班级管理放在极其重要的地位。班级管理的对象是班级中的各种管理资源，而主要对象是学生，班级管理主要是对学生的管理。班级管理的主要手段有计划、组织、协调、控制。班级管理是一种组织活动过程，它体现了教师和学生之间的双向活动，是一种互动的关系。参与者是教师与学生双方。教师的管理与学生（班委会）的管理合起来，构成班级管理。

一、功能和目的

（一）有助于实现教学目标，提高学习效率

班级组织产生的根本原因是为了更有效地实施教学活动，因此，如何运用各种教学技术手段来精心设计各种不同的教学活动，组织、安排、协调各种不同类型学生的学习活动，是班级管理的主要功能。

（二）有助于维持班级秩序，形成良好的班风

班级是学生全体活动的基础，是学生交往活动的主要场所，因此，调动班级成员参与

班级管理的积极性，共同建立良好的班级秩序和健康的班级风气，是班级管理的基本功能。

（三）有助于锻炼学生能力，学会自治自理

班级组织中存在着最基本的人际交往和社会联系，存在着一定的组织层次和工作分工。因此，班级管理的重要功能就是不但要帮助学生成为学习自主、生活自理、工作自治的人，而且要帮助学生进行社会角色学习，获得认识社会、适应社会的能力，而这对于促进学生的人格成长是极其重要的。

二、班级管理模式

（一）常规管理

班级常规管理是指通过制定和执行规章制度去管理班级的活动。规章制度是学生在学习、工作和生活中必须遵守的行为准则，它具有管理、控制和教育作用。通过规章制度的制定，使班级各项工作有章可循、有条不紊，通过规章制度的贯彻，可以培养学生良好的行为习惯以及优良的班风。

（二）平行管理

班级平行管理是指班主任既通过对集体的管理去间接影响个人，又通过对个人的直接管理去影响集体，从而把对集体和个人的管理结合起来的管理方式。

（三）民主管理

班级民主管理是指班级成员在服从班集体的正确决定和承担责任的前提下，参与班级管理的一种管理方式。实质上就是发挥每一个学生的主人翁精神，让每个学生都成为班级的主人。

（四）目标管理

班级目标管理是指班主任与学生共同确定班级总体目标，然后转化为小组目标和个人目标，使其与班级总体目标融为一体，形成目标体系，以此推进班级管理活动，实现班级目标的管理方法。

三、问题及解决

（一）当前我国学校班级管理中存在的问题

1. 班主任对班级管理方式偏重于专断

长期以来，我国实施的是"应试教育"，分数和排名是学校和教师工作业绩的衡量指标，这导致了高度重视课堂教学和考试成绩，而忽视了学生的内在需求。班主任一直在做

程式化的教育教学工作,他们最关心的是如何让学生在考试中获得好成绩,确保班级的成绩在学校中的排名和让学生服从老师,以维护教师的权威不受侵害,使学生服从教师指挥,学生必须被动地按照教师的要求去做,缺乏自主性。

2. 班级管理制度缺乏活力,民主管理的程度低

在班级中设置班干部,旨在培养学生的民主意识和民主作风,学会自治自理。然而很多中小学的班干部相对固定,使一些学生形成了"干部作风",不能平等地对待同学,而多数学生却缺少机会,学生在社会环境及部分家长的影响下,往往把干部看成是荣誉的象征,多数学生在班级管理中缺乏自主性。

(二)我国学校班级管理中存在的问题的解决策略

要解决我国学校班级管理中存在的问题,必须建立以学生为本的班级管理新机制,在班级管理中,只有确立学生的主体地位,才能从根本上解决班级管理中存在的问题。这就要求做到:

1. 以满足学生的发展为目的

学生的发展是班级管理的核心。纪律、秩序、控制、服从是传统班级管理所追求的目标。在现代教育活动中,班级活动完全是培养人的实践活动,满足学生发展的需要既是班级活动的出发点,又是班级活动的最终归宿。班级管理的实质就是让学生的潜能得到尽可能的开发。

2. 确立学生在班级中主体地位

发展学生的主体性是学校管理的宗旨。现代班级管理强调以学生为核心,尊重学生的人格和主体性,充分发挥学生的聪明才智,发扬学生在班级自我管理中的主人翁精神。建立一套能够持久地激发学生主动性、积极性的管理机制,确保学生持久发展。

3. 有目的地训练学生进行班级管理的能力

要实行班级干部轮换制,让每个学生都有锻炼的机会,并学会与人合作。以训练学生自我管理能力为主的班级管理制度改革的重点是:把以教师为中心的班级教育活动转变为学生的自我教育,即把班集体作为学生自我教育的主体。具体的做法包括:适当增加"小干部"岗位,并适当轮换;按照民主程序选举班干部;引导学生干部做"学生的代表";引导学生"小干部"做好合格的班级小主人。

第二节 班级管理实践

班级是学校管理的基本组织单位,是学校管理工作的重要组成部分。班主任是班级教育管理工作的组织者,实施者,是教学工作的协调者。班级管理要求班主任热衷于本职工作，尽职尽责，持之以恒，讲究方法，对学生的关爱要贯穿于班级管理的每时每刻。笔者结合自己做班主任工作的实践，谈一下做班主任工作的几点体会。

一、严于律己，做学生的表率

"言教不如身教"，首先良师要"正人先正己"，我们老师的举止言行是一种特殊的人格魅力，让学生在耳濡目染中受到熏陶。所以做学生信得过的、心目中的好老师，首先要身先示范，这实际上就要从我们身边的小事做起。我们不仅要能给学生"讲道理"，更要给学生"做样子"。在教育过程中，必须克服言行不一，甚至言行相反的坏习气，如说假话、说空话、说大话、说套话、只说不做等。要以身作则，把言传和身教结合起来，做到言行一致，表里如一。只有这样，学生才会积极履行所提出的道德要求。如果言行脱节，学生就不会信服，也不会去行动，甚至会产生不良的影响。因此，我一直模范执行学校的规章制度，秉持严谨的教学态度和奉献精神去激发学生刻苦学习的积极性，让学生懂得更多的做人道理和学到更多的知识。例如：我们要求学生要讲究卫生，爱校如家，养成好习惯，老师应首先做到，让学生桌面整洁，不随地吐痰、扔纸，遇到纸屑主动捡起，用行动证明；我经常整理自己的桌面，不随地扔纸，遇到垃圾主动捡起，学生看到都另眼相看，他们也学习；早晨和学生见面时问好，我会非常有礼貌地回敬或点头微笑。老师的每一个微小的动作，潜移默化地影响着学生，使他们觉得你亲切。这日常生活的点点滴滴，无不在影响着学生，绝大多数的学生能按学校的要求来严格要求自己。

二、加强班级的制度建设

班级的制度建设，主要是在班级管理中有制度可依。那么就要求制定出科学、可行、有效的规章制度，从而约束学生的行为，引导学生努力达到班级的总体目标和学生的个人目标。在制定班规时要遵循的原则有：

（1）共性与个性相结合，即学校的规章制度与班级的实际情况相结合，班级的实际情况是不断变化的，要求我们的班级规章制度的制定要随着班级的情况的变化而变化；

（2）可行性原则，也就是班级的规定通过学生的努力是可以做到的；

（3）民主性原则，应该与学生共同制定班级的规章制度，有利于班规的落实和执行，当然也可以制定出符合学生实际的规定；

（4）科学性原则，班级的规章制度应有利于学生个人成长规律，教育教学规律；

（5）权威性原则，一旦制定，一定要严格遵照执行。制定班规。一定要明确学生该做什么，不该做什么。该做的要做到什么程度，班主任必须要做出明确的规定，规定越细越有利于学生执行，而且要做出相应的处罚措施，才能真正得到贯彻执行。

三、培育优良的学风

身为班主任,抓好班级学风,是义不容辞的责任。经过这些年的探索,我认为在学风建设上,班主任应注意以下几点:

(1)让学生多问,使学生养成善思好问的习惯。

在学习中,"问"是开启知识殿堂的钥匙,让学生主动发问,可以增加学生的自信心,交流师生情感,缩短师生间的距离,教师的主导地位和学生的主体地位都得到落实,教学相长,能起到事半功倍的效果。同时也能培养学生善思好问的习惯。

(2)严把作业关,使学生独立思考,培养学生的战斗力。

作业是知识的实践,不交、迟交或抄袭作业是学生学习进步的几大障碍。对于作业,我采取了相应措施:一是突出学习委员、课代表的地位与作用。让学习委员、课代表在同学们中树立威信,进行作业的监督、检查。二是组织学习好的同学成立"学习帮扶小组",对学习差的同学进行辅导、帮助,启发他们独立思考,独立完成作业。在这种制度下,同学们独立思考,独立作业的习惯养成了,班级的战斗力增强了。

(3)课后复习,课前预习并重,使学生养成自觉学习的好习惯。

课后复习和课前预习,是学习中非常重要的两个环节,因此,我非常重视。首先是让学生科学分配课余时间,有效地深化课内知识,搞好复习。二是让学生学会寻找知识重点,搞好课前预习。久而久之,学生们养成了自觉学习的好习惯,学习成绩日渐提高。

四、班主任要关注暂差生的转化

"暂差生"也称"学习困难生",是智力发展水平正常,而学习效果低下,未能达到学校教育规定的基本要求的学生。据统计,造成好坏成绩的各种因素比重是:学习习惯占33%,兴趣占26%,智力占15%,家庭影响占5%,其他占25%。

(1)教师要认识到暂差生也是"学生主体"的组成分子,不能孤立他们;

(2)教师应站在他们的角度去了解他们的思想动态,并为他们着想,从现状与可能出发。这一问题,不是单靠"开小灶"补课所能解决的,各人的实际困难不尽相同,须对症下药;善于发现学生的闪光点,并发挥集体力量,形成强大的教育优势,把他们旺盛的精力引导到各种正当的活动中来。增强集体荣誉感,及时肯定他们的成绩和进步,使他们看到前途和希望。最终让他们能真正加入到全班的学习活动之中。

(3)教师应持平等的眼光对待每一位学生,班中没有一位是"嫌弃儿",眼光中不能只有尖子生或循规蹈矩的中等生,因为学生可以从每位教师的眼神中悟出你对他们的感情。总之,教师应持有提高每一个暂差生比抓好几个尖子生更光荣的想法。

第十一章　基于网络环境的教学研究

在大学课堂的教育中，网络信息技术与大学课程的整合从根本上改变了大学教学的本质，大学课堂教学也从传统课堂走向了现代网络环境下的大学课堂。

第一节　网络环境下的教学理论

网络环境下的大学课堂教学改革模式是以相应的大学教学理论为指导的，基于这些理论，网络环境下的教学方法和策略才得以顺利地实施。

一、支撑理论

（一）行为主义学习理论

行为主义学习理论又叫作刺激反应理论，主要研究可被观察以及可被测量的行为。刺激反应理论是由约翰·华生（John H Watson）在 1913 年首次提出，并且在 20 世纪 50 年代的初、中期达到了鼎盛。这种学习理论在美国盛行了大半个世纪，在世界上也居于主导地位。1957 年，斯金纳（Burrhus Frederic Skinner）在其主要著作《言语行为》一书中对操作性条件反射机制的介绍使行为主义学习理论得到了飞跃式的发展。在这部著作中，斯金纳系统地介绍了操作性条件反射的运转原则并提出了操作之后的强化（reinforcement）。刺激、反应以及强化是行为主义学习理论的基本思想，行为主义学习理论主要由桑代克的尝试错误理论，巴普洛夫的条件反射理论和斯金纳的操作学习理论组成。以上的理论在学术界合称为联结学说。

行为主义学习理论着重强调的是学习中的环境以及条件因素，环境以及条件因素要具有适当性、充裕性以及尝试性。适当性指的是条件以及环境这两种因素要与某种行为相吻合；充裕性指的是学习过程中的环境因素以及条件因素要充分且完整真实，充分吻合学习过程中所需的相应条件。正如斯金纳的实验那样，正因为杠杆这种环境以及条件因素，动物才会适当地碰到杠杆从而取到食物；尝试性是指要使某种行为发生必须克服在此过程中所产生的环境以及条件上的不利因素。结合大学教学，教学活动即是教师与学生之间提供刺激以及接受刺激的相互关系。

（二）网络化学习理论

1. 网络学习环境

网络学习环境是构建于信息技术基础之上的新型学习环境，顾曰国认为，"信息技术给教育带来了三项革命：资源的数字化存贮与获取上的革命；物理时空间上的无界革命；资源的优化与利用上的革命。这些革命创造了虚拟的教育生态环境、网络教育环境，越来越成为教育的主流模式"。

2. 网络化学习

网络化学习是指学习者运用网络环境和网络信息资源，在相应信息及教师的引导下，主要采用自主学习或协作学习形式所进行的学习活动。与传统的学习相比，它有三个明显的特征：第一，师生可以突破时空的界限，这样既能够节省教育资源，还可以随时实现师生互动。这比传统的学习更为方便、高效；第二，多种多样和可以共享的网络学习资源给师生提供了有利的学习支撑；第三，基于网络的各种学习模式日趋完善，这为提高学习者的能力及其非智力因素培养提供了有利条件。

（三）言语的自我指导理论

苏联著名心理学家、维列鲁学派的主要代表人物维果斯基（Vygotskian）和鲁列亚（Luria）是言语的自我指导理论的创始人。维列鲁学派认为，在个体学习行为中的自我调节与自我控制过程中，自我言语扮演着一种行为先行者（Behavioral Antecedents）的角色，具体来说是通过提供各种辨别性行为指导线索和条件性强化物来激发、推动、调节和维持行为的产生与发展。学习者个体的这种言语自我指导能力是通过内化行为逐渐形成和发展起来的。实际上，当儿童开始使用成人经常用来指导他们行动的言语来引导自己的行为时，儿童内在的一种言语自我监控能力就已经产生，最初只是表现为一种人际间的言语（出声）自我监控。当这种内部语言出现后，学习者个体才真正具有个人的内在言语（无声）自我监控，这时学习者个体就能通过内部言语对其行为进行控制和调节。这种言语自我监控水平的发展和进一步深化依赖于个体对外部世界言语反应的不断变化。其中，外界环境中的言语指导起着非常重要的作用，正是这些社会交往性的言语指导和反应构成了个体化的内容。

维果斯基的言语自我指导理论把自主学习看成是言语的自我指导过程，该学派强调自我中心言语在学习活动中的自我定向和自我指导作用。Meichenbaum按照言语内化规律曾设计开发出了一套自主学习训练程序，其基本步骤如下：第一，教师在进行示范学习任务时要大声地说出适当的学习规则和学习程序；第二，教师在学生执行学习任务时大声说出指导语；第三，学生自己在执行任务时大声叙述指导语（自我言语）；第四，学生自己在执行任务时小声叙述指导语（消退）；第五，学生在执行学习任务时默念指导语。研究结果表明，这种训练方法确实能够有效地提高学生的学习成绩。

（四）多元互动教学

"多元互动"中的"元"即"要素"，指与学习有关又能相互作用的各种教学因素，包括教师和学生人员要素、教材信息要素、教学条件与环境物质要素等。"多元互动"的"互动"是指充分利用各种跟学习有关而又能相互作用的教学要素，促使学生主动地参与学习，取得高质、高效教学效果的一系列教与学活动。教与学两类活动是多种教学要素之间多向互动的有机整体，是实现主体与客体的辩证统一，教学目标的达成具有动态生成性。

所谓"多元互动"教学模式，是在信息技术环境下，把教学活动看作是多元的交往沟通和动态的交互影响过程，通过优化教学互动的方式，充分利用各种与学习有关的教学要素，调节它们之间的联系与作用，调动和促进学生积极主动地开展学习活动，形成全方位、多层面的和谐互动，以产生教学共振、提高教学效果的一种新型教学结构形式。

大学多元互动教学活动系指教师与学生，作为大学教学活动的双主体，在课内、课外等活动场所，以及网络虚拟空间的三维环境中所进行的"师生——生生——生机"之间的英语学习活动。在此过程中，教师的主要作用是引导、促进、协调学生的外语学习；而学生通过探索、实践与互动，在"例中学、做中学、探中学、评中学"的过程中完成对语言知识及使用规则的内化和语言行为的外化。

（五）二语习得理论

二语习得理论是在对第二语言习得过程及其规律研究的基础上提出来的。这些理论虽然不能直接被用来解决外语课堂中的实际问题，但它们对大学教学是有一定的启发和指导意义的。语言是人类认知能力的一种体现，这一点已经成为不同学科研究者的共识，因此认知和语言的关系也成为当今第二语言习得理论研究的焦点。

二语习得理论的发展从时间上来看又分为两个派别，分别基于认知心理学和社会文化理论。其中基于认知心理学的二语习得包含输入假说、互动假说和输出假说，它们强调知识的积累是二语习得的关键，认为充分的语言输入、互动和语言输出对于提高英语听说能力是必不可少的；而社会文化派以维果斯基为代表，认为二语的习得重在参与，学生进行互动活动的本身就是学习的过程，因此在教学中要注意增加有意义的互动使学生真正参与学习，而不是接受学习。

二、信息技术辅助大学教学的发展历程

信息技术辅助大学教学历程大体可以分为三个阶段，即计算机多媒体辅助语言教学阶段、信息和网络技术应用于语言教学阶段和未来外语教育信息化阶段。

（一）计算机多媒体辅助语言教学阶段

交互式计算机辅助语言教学（communicative CALL）出现于20世纪七八十年代，人

工智能在 80 年代实现了机器思维与高度拟人化。交互式计算机辅助语言教学阶段摒弃了行为主义的理论和教学方法，强调运用计算机技术完成从"发现""表达"到"发展"的创造性学习过程。个人计算机技术的运用成为这一阶段的显著特点，多媒体技术拓宽了人们接受信息的渠道。这段时期，计算机作为现代化的教学媒体进入了大学课堂，甚至超出了传统教学媒体辅助大学教学的功能，计算机、磁带、广播、电视、VCD、DVD 等成为重要的教学资源。大学课堂教学开始采取以学生为中心的教学结构，注重新旧知识的非线性结构安排和多媒体组合。各高等院校传统的语音室逐渐被计算机多媒体语音室取代，多媒体教室建设使大学课堂的教学功能大大增强。

我国这一时期的大学教学模式逐渐由封闭式、单向性的知识与技能传播转向开放式和多向性，呈现出多元化的趋势。教学环境也呈现出开放性、交互性、协作性、多元性等特点，学生逐渐有机会在课外通过多媒体教学光盘等资源学习英语，提高英语运用能力。

（二）信息和网络技术应用于语言教学阶段

信息和网络技术带来了"虚拟教育"，数字卫星通信系统、移动数字通信系统、因特网及其他网络覆盖面广、资源广泛共享、时空超越限制。信息和网络技术使学习过程的互动性和自主性成为现实，学校没有了围墙，师生转变了传统的教学观念，这一切为大学外语课堂教学的发展带来了新的契机。由于高科技含量的日益增加，计算机的功能在教学领域里更加全面且完善，像场景呈现、模拟互动等效果都能通过计算机得以完美实现。

计算机辅助大学教学模式中，教师借助计算机向学生授课，学生的角色并不是知识的主动构建者，而是一个被灌输对象，没有摆脱传统教学模式的束缚。网络环境下的英语学习者利用计算机进行自主学习，是知识的主动构建者。具有高度智能化的计算机在教学上占据了主导地位，既可充当教师，也可成为学员，是一个能全方位、立体式地提高教学效果的电子工具。

（三）未来外语教育信息化阶段

信息技术对于现代教学的重要意义得以凸显。外语教育信息化强调技术和教学的深度融合，全面进行外语教育信息化变革，解决外语课堂教学的费时、低效问题，真正提高国民综合素质。外语教育信息化是在外语教育领域全面深入地运用现代信息技术来促进外语教育改革与发展的过程，它有数字化、网络化、智能化和多媒体化的特点，开放、共享、交互、协作的特征。外语教育信息化不仅仅代表外语教育手段的改革，信息化进程中更需要师生转变教育观念、教育方法和学习方式，从而实现培养新世纪创新型外语人才的目标。实现外语教育信息化的关键是将信息技术融合于实际教学中，需要信息技术与大学课程的全面整合。

三、网络环境下大学教学研究的局限性

局限性主要包括：第一，把大学教学中的传统理论搬来借用，没有真正思考网络大学教学的特殊性。多数学者都是探讨网络大学教学资源的设计思路，很少有人对现有资源的优势以及不足进行合理的探讨，较多关注计算机网络作用于大学外语课堂的优势及具体教学方法的调查与分析，而对于计算机网络与大学教学整合过程中的不协调现象研究较少。第二，网络环境下对外语教师专业发展方面的研究还不足。学者们对策略本身、观念与策略、策略与学习成绩的关系研究较多，而对行为表现上的学习策略及其相互关系还较少涉猎。第三，目前还没有系统地关于评价体系、评价标准的量化、评价反馈机制的建立以及如何借助计算机及信息技术辅助客观评价方面的研究。研究者们主要集中教学活动的理想化层面的设计上，缺少对于个案的实证研究等。

四、移动学习

（一）定义与内涵

移动学习作为一种全新的可以广泛使用的学习方式，目前还没有一个明确的定义。从技术的角度出发，这种观点是目前大部分研究文献中支持的，大多数研究者认为移动学习的基本特征是移动性，是移动技术与学习相结合的产物。在这一观点下，移动学习被看作是使用 PDA、笔记本电脑、Tablet PCs、移动电话、iPod、PSP（Play Station Portable）等移动设备所进行的学习。这些设备能够与无线技术相结合来传递与呈现学习内容，并使学习者实现与他人的交互；从学习者的角度出发，研究者发现移动学习不应该仅仅停留在设备层面，而更应该讨论移动学习能够给学习者带来学习方式上的变革。由此产生了一些无关设备和技术的、强调随时随地的学习方式这样的一类定义。

第一，移动学习是基于便携式移动设备进行的数字化学习。学习者可以在任何地点和任何时间进行学习，这无疑是移动学习的根本特征。但是，如果认为随时随地进行的学习就是移动学习的话，那么在早期学生拿着书本资料到处跑的学习方式也可以说成是移动学习了，如此一来，移动学习也就不是新的学习方式了。所以说，移动学习跟以往利用手持印刷资料而进行的随时随地学习的最重要区别是移动学习的数字化特点。

第二，移动学习利用移动通信技术实现学习内容的传输。移动通信技术包括无线通信系统、微波通信系统、蜂窝移动通信系统和卫星移动通信系统。以往的数字化学习是以计算机网络技术为基础的，大多是在线学习，受到设备体积和有线网络的影响，学习的灵活性受限。而移动通信技术不仅能提供直接的工具，而且还有助于提供更多扩张性的社会文化情境，不仅仅局限于教室或课堂，而是提供更多在社会文化环境中进行学习的机会。用户可以利用手机、智能手机、平板电脑、个人数字助理（PDA）等便携式移动设备来获取

学习服务与学习内容，可以说移动通信技术更能体现随时随地地接入资源网络这一优势，使用户可以在恰当的时间、恰当的地点获取恰当的信息，并依靠移动通信技术与内容和其他用户进行双向交流。只有这种双向交流的模式才能使"移动"更有意义，才能更充分地体现移动学习的优越性。

（二）移动技术辅助学习的优势

1. 创设真实的情境化教学环境

在移动计算环境下，可以实现在学习者最需要的时候为他们提供最恰当的知识信息，而不论他们处在什么样的场合，移动学习又可称为及时（just-in-time）学习。学习者处于不同情境中产生学习的需求，可以利用移动设备进行学习，如果遇到困难，则通过无线通信技术与 Internet 相连来查询相关的信息，以满足当时当地的学习需求。比如，在语言学习当中，移动技术学习的目的是在不同的场合中恰当地运用语言进行交际，要尽可能地把学生置于真实的交际环境中，让学生亲自体验言语交际的真实过程，这是培养英语交际能力的首要条件。显然移动学习的及时性特征可以使特定情境中的语言学习更为有效。

2. 创设良好的心理环境

学生在移动学习中的交互体现在两个方面：一方面可以通过方便快捷的人机交互获取丰富的英语学习资源并进行个性化的学习体验。另一方面，移动设备提供了连通学生个体、他人、家庭、社区和社会之间良好的交际环境，将学生的自主学习、协作学习、家庭教育、学校教育融为一体，构建起一种人文交互的交际环境。诸如手机、智能手机和 PDA 等移动设备都是典型的通信设备，短信和通话是人们日常生活中最为熟悉的交流方式，这为师生之间、生生之间的交互提供了方便，学生在与教师自然而亲切的交流中获得知识，消除情感障碍，克服恐惧和自卑心理，为课堂学习做好准备。而学生之间的交互可以增加彼此的了解，也为学生之间的课内和课外的合作学习打下基础。

3. 培养跨文化交际能力

外语的学习离不开文化的渗透，将语言学习与文化相结合是必要的。大多数移动设备都支持文本、音频、视频和动画等多种媒体类型，可以为学习者提供声文并茂、有声有色、生动逼真的教学材料，学生利用 podcast 和无线网络连接，可以随时获得一些与学习内容有关的多媒体资料，特别是视音频片段。这些预先设计好的语言与文化相融合的片段可以让学生在文化的背景下学习语言，可以使学生更好地了解文化差异，提高语言表达的恰当性和得体性，不但为课堂教学节省了时间，更实现了语言学习与文化的交融。

4. 方便进行因材施教

因材施教的前提是教师要全面了解每个学生的特征，但是在有限的课堂时间内想要做到这一点是很困难的。而学生利用移动设备进行学习的过程是个性化的，他们选择的学习内容、交互情况、作业完成情况都能够记录下来，教师可以进行形成性评价，获得对每个学生的全面了解，并在此基础上进行因材施教。比如某些学生因为缺课等原因进度较慢，或者课上没有完成学习任务，教师可以利用播客技术将授课内容录制下来并推送给学生，学生也可以利用播客的方式将作业反馈给教师，这种课外的互动增进了师生之间的了解，使教师真正实现在尊重每个学生个性的基础上进行素质教育。

第二节　微信与微博的利用

随着移动互联网的发展，以微信为代表的即时通讯软件和以微博为代表的新闻传播社交平台得到了前所未有的发展。目前，将微信、微博等软件应用到大学教学中的研究还处于初期阶段，但是这些软件与课堂教学的结合是十分重要的。

一、微信与微博的介绍

（一）微信

1. 发展

在我国，跨平台移动聊天应用的代表是微信（英文名：Wechat），它是腾讯公司于2011年1月21日推出的。微信除了基本的跨平台通信功能外，还可以使用通过共享媒体内容的资料和基于位置的"摇一摇""漂流瓶""朋友圈""公众平台""语音记事本"等服务插件。基于国内庞大的智能手机用户数量，微信在推出以来迅速在年轻人中流行开来，截至2014年8月微信活跃用户已经增至4.38亿。特别是在2015年春节期间，除夕当日微信红包收发总量达10.1亿次，而在春节联欢晚会期间使用摇一摇互动总量达110亿次，这说明微信已经在国内有较高的流行度。微信已成为继论坛、博客、微博之后，最具前景的网络信息载体之一，在新闻传播学、图书情报学、社会学、计算机科学、教育学等学科领域倍受瞩目。

2. 特点

（1）适用平台广泛，使用成本低廉

微信适用于安卓、苹果、塞班、Windows Phone、黑莓等手机平台，软件本身是免费下载使用的，可以通过各类应用商店直接下载安装，如苹果的iTunes Store、小米应用商店等。软件使用数据流量业务进行通信传输，相比传统的短信等业务而言受到移动运营商的限制更小。在现有的蜂窝移动网络环境中，可以利用1M的流量发送文字消息1000余条，语音消息上千秒。与短信、彩信等相比，节省了大量的通信费用。同时它传播距离广，无论身处何地，只要能够连接网络就可以利用微信即时发送与接收各类消息，与传统短信和电话呼叫相比有过之而无不及。对于经济条件普遍不是很好的大学生而言，每月包一个

10~20元的流量包就可以满足微信的使用需求,如果学校内有免费的Wi-Fi热点,则流量费用可以进一步地降低,这样就使得与同学之间的沟通成本得以降低。如果家长也会使用微信,则又可以节省一笔长途电话的费用,因此微信逐渐成为大学生进行交流沟通的首要方式。

（2）交流方式鲜活、立体，便于保存

同微信相比,传统短信往往给人一种呆板的感觉,呈现在交流双方面前的只是冰冷的文字,而微信却可以发送多种形式的消息,既可以是带表情的文字消息,也可以是语音消息,甚至可以拍摄一段小视频发送给对方。网络条件允许的条件下,还可以进行视频通话以及实时的语音对讲。通过微信将冰冷的文字转化为表情,转化为语音,转化为视频,使沟通更加鲜活、立体,图文并茂、有声有色。语音消息同传统的电话交流相比,更便于保存,也避免了紧要时刻突然来电话的尴尬,消息保存在服务器上,可以利用闲暇时间慢慢查阅。

（3）交流具有便捷性、即时性

使用微信进行交流只需要一部联网的手机即可以实现,并且可以使用手机号码作为账号,在初次使用时微信会搜索手机通信录中已经注册的好友,并提示添加他们为微信好友,这样只要知道对方的手机号就可以便捷地同对方进行微信交流。同时微信的交流具有即时性,只要保持手机联网,微信就会即时提醒新收到的消息,在这一点上与短信相似,但微信的功能要比短信强大得多。这种灵活便捷的交流方式,使得大学生更加乐于使用微信同朋友、同学交流。

（4）推送信息更具有效性和时效性

微信公众平台拥有自己的目标订阅用户,在信息投放上更具精准性。比如吉林大学的"同学,还睡啊"微信公众平台,有一万多吉林大学大学生订阅用户,均为自愿订阅励志类信息。大学生每天早上可在微信公众平台早起签到,同时平台每天向用户推送励志类信息,各类通知公告。特别是对一些重大事件披露、重要通知公告、思政类和励志类信息,即时发送,直接到用户手机,变主动阅读为被动阅读,节省自行上网查找信息的时间,提高信息传递效率。由于人群特定,可以将"正确的信息"发送给"正确的人",信息投递更加精准,使得微信推送信息更具有效性和时效性。

3. *微信的教育功能*

随着微信的快速发展和普及,也逐步应用到了教育、学习和工作中来。碎片化学习、移动学习、微课等的实现都可以依托微信为平台。因此微信的教育功能也被广大的教育工作者所认可。

（1）教学过程的辅助者

首先,通过微信公众平台可以在课前为学生进行课前资料的推送,学生利用课下的碎片化时间,在课前就可以对上课内容建构良好的背景知识。其次,课后学生可以通过微信讨论组对上课内容进行更为深入地探讨和研究,表达自己的观点和态度。老师可以通过微信公众平台布置作业,并将学生的优秀作业进行展示和推送,还可以将学生普遍存在的疑难问题做统一的讲解。通过微信平台充分地将课下的时间利用起来,使课堂教学延伸到课下去,来辅助课堂教学,使课堂教学更加高效。

(2)教学的互动平台

微信平台主要是一个即时通讯的软件,具有聊天和实时对讲机的功能。首先,学生与学生之间通过建立讨论组并设置组长监督,可以使小组成员关于课堂主题进行探讨交流,表达自己的情感态度,从而产生观点碰撞,促进学生知识的理解和内化。其次,微信平台为师生课下互动提供了方便,学生可以随时通过微信平台向老师寻求帮助,解决其在自学过程中的疑难困惑。老师也可以将需要补充的课外资料和作业的点评通过微信平台推送给学生。微信平台的利用能够很好地解决大学课堂师生交流互动不足的问题。

(3)教学内容的强化者

微信平台为师生和生生之间提供了一个良好的交流和沟通的平台,在教师和组长有效的组织和协调下,通过微信平台在课前进行背景知识的推送,课上老师的有效教学,课后师生和生生关于课堂教学主题的深入探讨和总结汇报。课前、课上、课后三个环节的紧密配合和科学搭配使得教学内容在学生中进行了三次强化,使学生对学习内容的掌握更加牢靠。

(4)主动学习的促进器

首先,使用微信平台用户之间只需要通过手机进行交流,无须面对面;其次,学生的观点只是在微信群或者讨论组中显示。因此为学生自由大胆地发表观点态度和用目标语言讨论提供了很好的背景条件。尤其是英语听说能力的培养,需要学生大胆地说,不惧怕错误,多用目标语来进行自我表达,才能不断地克服说英语的心理障碍,从而使得英语听说能力得到提高。以微信为平台的交流学习使得学生敢于并乐于表达自己,为学生主动学习提供了很好的助推器。

(二)微博

1. 定义

微博,即微博客(Micro Blog)的简称,是一种基于用户关系的信息分享、传播的平台,用户可以通过wap、wab以及各种客户端组建个人微博社区,以140字以内的文字及时发布、更新并及时分享信息,同时它还支持图片、音频、视频等多种媒体形式,呈现信息的形式丰富多彩。微博客可以看作是博客、IM(QQ,MSN等)信息、聊天室等多种网络应用的集中表现形式。

2. 特性

(1)简易、开放、技术门槛低

微博简易的页面布局方式和交互方式可以使没有网络经验的用户快速上手,只言片语的信息发布方式深得用户喜爱,既避免了长篇大论构思的艰辛,也使得信息的发布简单、快捷、言简意赅，因此，能够在短时间内激发有相同兴趣爱好的用户群体。微博倡导的简洁、个性化的自由行为符合新时代人们的生活方式，因而拥有了大量的用户群体。

（2）微型化、便捷性、及时性

"微"是微博客与传统博客相互区别的最主要的特征。从用户的角度讲，微博就是"一句话博客"，可以随时随地将日常生活中的所见所闻所感、新鲜有趣的人、物、图片甚至视频剪辑等发布到互联网上，"追随者"则通过关注相关微博建立联系，及时分享、评论和转发有意义的内容，与他人交流、共享所见所闻，达到相互交流的目的。与此同时，被用户广泛关注的事件将会在第一时间在网络上发布、流传，一个突发的新闻事件往往会在短短几分钟之内以几何速度传遍全球，这个传播速度超过了传统的其他任何一个媒体的速度，真正实现了及时性。

（3）便于群组交流

微博用户之间的关系通过关注（Follow）建立，是一种不对称的背对脸的跟随，通过选择跟随人，进而构建个人网络交流社区，组建专业微群，形成庞大的学习社群，集中而又高效地解决问题，也避免了信息发布的泛滥性和盲目性。

3. 教育应用

伴随着微博的发展和普及，如何使微博有效地应用于教育成为教育领域专家学者关注和探讨的重要课题。理论层面上的研究主要包括：

第一，组建师生微博团队。由于传统教学存在时间、地点、教学资源等因素的限制，师生交流、生生交流不够深入和彻底，借助微博平台组建师生微博团队，为师生共建一个思想表达、经验交流、教学反思的平台。第二，开展移动学习，构建微博虚拟课堂。微博平台的开放性、信息传递的便捷性、无线终端收发信息的及时性和个性化以及庞大的网络学习群体都为其应用于移动学习创造了条件，因此，将微博引入传统教学，构建庞大网络支持下的有效虚拟课堂，将使得终身学习的理念得到进一步加强。第三，开展协作学习，增强学习兴趣，培养团队意识。微博的关注、评论、转发、私信等功能可以调动学习者的积极性，使得学习变为一种有趣的活动。在共同完成某项学习活动时，不同国家、不同学校的学习者参与其中，共同解决问题，如此，在学习者协作交流与反馈的过程中增强团队意识，增加协作技巧，提高人际交往能力。

实践层面的研究主要依托不同的微博平台进行课堂教学的研究，取得了非常有价值的研究成果。主要有如下几个方面的研究：

第一，依托新浪微博这个社会化、开放性平台，大众传播学、教学等课堂教学的实践展开，结果表明微博有助于激发学生学习兴趣、增强协作学习的能力，但在支持复杂数据方面还存在一定局限性。第二，在 Edmodo 封闭性、教育性的平台基础之上，K-12 课堂教学应用展开，实践表明它为网络教学提供了一个较为完善的平台，Edmodo 微博平台是社会化学习系统的有机组成部分。第三，在同样具有封闭性、教育性的 Cirip.ro 微博平台实践研究则表明微博是学生协作学习的有效工具，它能够根据学生和教师的需求及时调整教学策略。

二、微信在大学教学中的运用

（一）微信公众平台的二次开发

大学课程本身具有鲜明的特点，而微信公众平台的二次开发可以根据其课程特点定制各种不同功能，如自苏州科技学院计算机专业的大二学生利用微信公众平台设计了一套简易的英语课堂互动系统，将社交的实时性和参与性引入课堂。整个互动系统由三部分组成，分别是学生的微信端、老师的手机控制端和课堂大屏幕，这三者之间，利用微信公众账号"移动语言学习"进行互动。在课堂上，学生可以全程利用微信回答问题，参与小组讨论、提交作业、和老师进行互动；而老师可以利用手机控制端查看学生的上课情况，把控整个互动的节奏；然后有一个大屏幕可以连接老师和学生的互动，并将互动情况展示出来。当然这只是利用微信公众平台支持课堂教学的一种方式，随着公众二次开发技术的不断成熟，门槛的不断降低，相信会有更多教师加入到二次开发的行列当中，根据课程特点定制出适合自己的独特工具。

（二）具体应用

在教学过程中，师生将在微信上进行不同的活动，除了基本的文字消息发送、语音消息发送、朋友圈分享评价外，还应发挥其各自角色不同的特性，如教师的操作更多地集中在资源发布、活动管控上，而学生则更多地进行练习、资源浏览等。同时根据教学内容的不同采取不同的教学策略，如建立群组进行对话练习、发布听力练习题供学生课外练习、组织线上英语角等。具体活动如下。

1. 学生活动

一是发送消息，包括文字消息与语音消息，是与教师、同学沟通的主要途径，与公众平台的互动也是通过发送消息实现的。二是接收消息，包括文字消息、语音消息及图文消息等，接收的内容一般为教师、同学发送的信息、学习资源链接以及公众平台的推送消息等。三是添加好友，通过扫描二维码、添加手机联系人、添加QQ好友、雷达加好友等方式添加个人好友以便交流，通过搜索公众号账号、扫描二维码的方式关注公众号。四是创建/被邀请入微信群组，按照老师提出的活动要求及人员划分来开展课堂讨论、对话练习等活动，参与线上英语角活动，可使用面对面建群功能快速实现。五是分享学习资料，通过支持微信分享功能的网页或浏览器将学习资料共享至朋友圈或群组中。

2. 教师活动

一是收送消息，包括文字消息与语音消息，它是与学生沟通的主要途径，可以及时地对学生遇到的问题进行解答。二是公众平台消息推送，根据教学安排，推送教学中所需的各类资源，如阅读材料、影视资源、听力测试题等。三是公众平台消息接收，主要接收内容为学生参与课堂活动发来的语音消息,学生发送的作业等。四是创建/被邀请入微信群组，利用群组组织开展课堂活动，开展线上英语角活动，对活动过程进行监控。五是分享学习资料，通过支持微信分享功能的网页或浏览器将学习资料共享至朋友圈或群组中，回复学生的评论，营造学习氛围。

（三）基于微信平台的互动教辅模式

我国关于基于微信平台的教辅模式的研究尚处于初步阶段，多数的研究都是针对课堂上的教学模式进行研究，然而对于如何应用信息技术于课前和课后来辅助课堂教学的研究并不多。一般的教学设计包括学习者分析、学习内容设计、学习目标设计、学习策略设计、学习资源设计、学习活动设计和学习评价设计等几个关键的环节。然而教学辅助模式是课前和课后的学习活动，因此，基于微信平台的大学互动教辅模式的设计流程将仿照教学设计的环节进行。

1. 确定教辅主题

确定教辅主题，就是要依据课堂教学内容，明确课堂教学的重点、难点和文化背景知识。基于微信平台的大学互动教辅的内容应该紧扣课堂教学的重点和难点做适当的扩展，推送必要的文化背景知识，提供相关话题情境供学生与学生之间进行纯英文的讨论互动，使教辅内容的主题鲜明，结构完整。

2. 教学辅助设计

教学辅助设计也包含一般的教学设计的学习者分析、学习内容设计、学习目标设计、学习策略设计、学习资源设计、学习活动设计和学习评价设计等几个关键的环节。然而，教学辅助模式是课前和课后的学习活动，有自己特有的特色与功能。因此，在进行基于微信平台的大学互动教辅模式构建过程中必须保持其特点，学习目标设计、学习资源设计和学习活动设计要具备自己的特点，从而更好地辅助课堂教学。

（1）前期分析

第一，教辅内容分析。教辅内容是为课堂教学服务的，因此，对教辅内容的分析必定是以教学内容的分析为前提和基础的。然而，教学内容分析是教师对教材进行认真分析，然后合理组织教学内容并合理安排教学内容的完整表达过程。因此，教辅内容的分析必须首先分析并熟知教学内容和教材，其次根据课堂教学的局限性，分析哪些内容无法在课堂上得到高质量和高效率地传授，从而确定教辅内容。

第二，教辅目标分析。教学目标通常是指三维目标，即是知识与技能目标、过程与方法目标、情感态度与价值观目标。课前与课后的教学辅助也是教学过程的一个部分，因此教辅目标也需要包括教学目标中三个方面的内容。在基于微信平台的大学互动教辅模式的设计中，应突出课堂无法很好实现听说的技能目标和情感态度目标。

第三，学习者特征分析。在前期分析中，准确地进行学习者的特征分析具有一定的难度，因为学生是复杂的研究对象，他们是动态的存在，具有多样性和差异性，因此学习者特征分析在前期分析中具有不可轻视的重要意义。研究学生也是"读懂学生"的过程，教师要对学生的知识结构和经验水平、学习兴趣、愿望等因素，以及学习的方法和能力等情况进行深入而具体的了解。基于微信平台的大学互动教辅设计应切实地对教辅对象进行了解和分析。

（2）教辅资源设计

教辅资源设计其实就是对课前与课后的学习资源的设计。在 AECT94 定义中，学习资源是支持学习的资源，包括教学材料、支持系统、学习环境，甚至可以包括能帮助个人有效学习和操作的任何因素。关于媒体的设计，由于是对基于微信平台的大学互动教辅模式的设计，因此媒体是微信平台，应对微信的功能进行充分有效地利用。教辅资源的设计应充分基于教学内容搜集网络中的图文、音频和视频资源，做好网络资源的过滤器，为学生提供丰富、高质量的教辅资源。

（3）教学评价设计

首先，参考教学评价的定义，教辅评价则是对教辅工作质量所做的测量、分析和评定。它以参与教辅活动的教师、学生、教辅目标、内容、方法、教辅设备、场地和时间等因素的有机组合的过程和结果为评价对象，是对教辅活动的整体功能所做的评价。基于微信平台的大学互动教辅模式将会运用形成性评价和总结性评价。通过微信平台的互动以及学生课后作业的情况对学生的知识掌握程度进行了解，通过单元考试总体评价学生对于教学内容的理解程度。

（四）基于微信的英语角活动

1. 活动背景

英语角的英语称谓是 English corner，是指为提高英语口语，而进行的一种英语口语练习活动。举办时间多在周末，也有的在晚上举行，场所基本在室外（如公园、广场、校园等）。英语角的参加者以学生居多，也有社会人士参加。近几年，随着互联网以及移动技术的不断发展，线上英语角活动已经悄然兴起，大部分是由英语爱好者自行发起，利用 QQ 群、网络视频聊天室、Skype 等方式组织开展，同时也有类似"英语说"这样的专门为线上英语角设计的应用，在白领和学生中逐渐流行，活动内容通常是围绕某一 Topic 进行讨论或者进行 Free Talk。线上英语角活动的兴起，已经成为线下英语角活动的重要补充及扩展。

作为对学生听说能力的一种综合训练，英语角活动在大学校园中比较流行，教师也经常推荐学生参与此类活动，但是非英语专业的学生碍于听说能力较差，很少真正参与其中，那么利用线上英语角的形式就可以有效地避免面对面交流的尴尬，让学生敢开口、多练习，然后再逐渐由线上到线下，最终达到线上线下的融合交互。

相对于 QQ 群、视频聊天室等方式，微信群组在大学校园中组织进行线上英语角活动中具有一定的优势，主要体现在：第一，微信的语音消息是分条发送，点击后才播放，在没有听清的情况下可以点击消息再听一遍,也不存在多人同时说话导致环境混乱、嘈杂的问题,这样交流的环境就相对较好一些;第二,手机集成了耳麦的功能,不用需要通过电脑连接耳麦等设备,也不用在固定的时间待在电脑前才能参与,交流过程中受到的硬件限制更小。

2. 实施过程

在具体的实施过程中,可以创建几个用作线上英语角活动的微信群,在每个群组中分别邀请任课教师及 8 名学生,没有邀请班级外的学生参与,由于条件限制也没有邀请外教参与,这里进行了人数限制主要是考虑到太多人同时发送语音消息会导致刷屏速度太快,影响交流的节奏。

在建立好微信群组后约定每周周五晚上 8 点开始进行线上英语角活动,由教师在群组内发布 Topic,由学生与教师共同展开讨论。在这里并没有要求学生参与每一次活动,作为一类课外兴趣小组,如果强制要求学生参与无疑会占用学生的课余时间,对于能说、爱说的学生让其充当组织者,协助教师开展活动,对于较为内向的同学则是以鼓励为主,活动的最终目标归于让更多的学生能够参与到线下的英语角活动中,面对面的听说练习对于学生提升英语的实际运用能力帮助更大。

三、微博在大学写作教学中的运用

(一)基于微博的教学模式

根据大学写作教学的要求以及微博的各种优势所在,依据建构主义思想,基于微博写作平台的教学模式。

1. 创设情境,确定主题

教师根据学生已有的认知基础,围绕生活趣事或热门话题在微博上以文本、视频、图片的形式发起话题即写作主题。主题应当围绕大家感兴趣的、共同关注的话题,如"Challenges and success""Progress""Part-time job on campus"等,确定主题后,教师应当给同学们尽可能的提示,以文本、图片、电影剪辑、关键句、链接提示的方式发布到微博中,在给大家提示的同时,展现尽量大的想象空间。

2. 分组讨论,形成方案

写作主题确定以后,学生根据组建的微博群开展组内讨论、各抒己见、收集材料、交流写作思路、确定写作方案。在微博中开展头脑风暴,激发集体智慧,组长负责督促和监督同学间的讨论,保证讨论的健康持续进展。学生将收集到的素材作为参考,发布到微博中,相互借鉴,确定写作思路。

3. 撰写初稿,完成作品

小组成员在已有构思的前提下,根据自己的认知水平和对英语词汇、语句的理解,选择自己喜爱的表达方式自主写作，完成一个段落发布一次，并做好标记，以便同学及时评论和修改。在评阅他人段落语句的同时不仅能给自己以新的启发，同时也能为对方提供新的视角、新的观点，同学间的评阅往往更容易引起共鸣。

4. 同伴互评，共同纠错

在微博环境下，组间成员通过微群可以相互评阅、修改，对于词汇的含义、句子的表达、语言的地道程度做出评价，开展广泛的讨论，增强学生的参与度，协商讨论得越充分得到的结果认可度就越高。这个过程使学生体验了当老师的感觉，不仅极大地调动了学生的积极性，也达到了因材施教、教学相长的效果。

5. 教师点评，做出评价

各小组挑选修改后的优秀作品和错误较多的作品发布到微博上，教师点评写作过程中应该注意的地方，分析篇章结构，学生将在修改中遇到的问题与老师互动。同时，教师还可以使用对学生的协作过程与成果运用形成性与总结性相结合的方法进行评价，根据个人贡献度与参与频率给学生形成评价。

6. 课后总结，形成作品库

写作是一个动态的循环过程，写作结束后，教师对此次写作主题的理解、词汇的运用、语法、句子的运用、语言的地道程度做总结，同时建立作品库和素材库，将学生的写作活动融入师生活动中去，激发学生的创作热情。

（二）教学设计

基于微博的大学写作教学依托微博平台和现代教育技术、网络等教育资源，将过程写作法、体裁写作法和协作写作相结合，培养学生写作的情境性、协作性、自主性，解决传统写作教学存在的问题，提升学生英语写作的积极性。

第一，教学组织形式。基于微博的大学写作教学的组织形式以小组协作学习和个性化学习为主，微博网络环境为小组写作学习提供了新的模式，微博这种崭新的社会化软件为学生的写作增添了乐趣，为学生的写作营造良好的环境。第二，教学方法。微博环境下的英语写作教学方法灵活多样，利用微博创建一个虚拟的语言写作与交流的环境，通过丰富的教学资源和多媒体素材激发学生的写作兴趣。构建合适的积极机制使学生在微博环境中写作学习，交流写作思路，活跃思维，主动思考并表达自己的见解。教师主导整个写作过程，及时通过微博对学生进行有针对性的指导和评阅，学生则充分发挥主体作用，相互评阅，充分体现写作自主性。

（三）基于微博的大学写作教学启示

1. 教师应该对微博同伴互评持有积极态度

对同伴互评理论的态度是非常重要的。首先，英语老师应该坚信一点，那就是同伴互评理论对学生的英语写作有积极的作用，不论老师们之前是否有使用过这种教学方法。因为，只有在老师对同伴互评理论持肯定态度的情况下，他们才能够积极准备，合理应用这种教学方法，并有所成效。其次，老师们应该耐心地通过一些技巧帮助学生认识这种新的写作学习方式，因为学生对这种学习方式并不熟识，所以，老师应该先以身作则，通过演练展示出对这种学习方法的认可，从而激发学生对新的学习方法的兴趣。最后，要向学生展示有关于同伴互评理论的相关文献，使得学生看到此理论能够达到的效果，对自己的学习成果产生期望，由此，学生们会自愿地进行这种学习模式的练习，不仅能发挥得更好，还能刺激他们的观众意识。

2. 进行恰当的微博同伴互评训练

微博同伴互评的初体验在整个实验过程中是非常重要的。因此，在激发了学生对这种学习模式的兴趣之后，教导学生的互评技巧，对老师来说是至关重要的。

对于老师如何教导学生成为有效的互评者这一问题，Mcgroarty&Zhu 给出了一个很好的建议，即将同伴互评根据其内容分为三种：局部评价（local review）、整体评价（global review）、评估评价（evaluative review）。局部评价主要是指从语言应用的角度进行修改，包括词语应用、语法、大小写、标点符号以及拼写等；而整体评价主要是在写作观点、读者建议、写作目的以及文章架构等方面提出意见；评估评价则是学生对其互评的文章的整体评价，例如用"优秀""良好""一般"这样的等级进行评价。所以，指导学生如何通过这三个方面去评论同伴的写作是至关重要的。

3. 分组方式

当然，在使用微博同伴互评教学模式中，分组方式尤为重要，有时分组的好坏决定了同伴互评的成败。比如，要求学生们自由组成互评小组时，学生们往往会选择自己认识的同学或是关系要好的同学组成一组，这一点无论从心理学角度还是社会学角度都是合情合理的。如同 Jun Liu&Jette G.Hansen 提出的观点，社交吸引力来源于感知相似性、相对的近距离以及情感环境。众所周知，人们通常喜欢和自己在某一方面有相似之处的人，并且喜欢接近自己喜欢的人。这种分组方式对合作交流有很大的益处。同一组的学生喜欢彼此，有许多共同点，自然就能够默契合作。

学习小组的人数也是一个需要注意的事项。通常是以两个学生为一组，这样他们能够有充足的时间阅读和理解对方的文章。根据 Paulus 提出的观点，两个学生一组能够让学生们更加集中于对文章的探讨，并且每个学生都能够有责任心地对待同伴，尽其所能地帮助对方提高写作能力。

第三节　网络环境下教学的相关策略

网络环境下自主学习的管理与培训、移动技术的应用、课堂教学方法的优化等都是大学教学改革中不可忽视的重要问题。

一、基于网络的自主学习策略

（一）教学管理方面

教学管理指为了实现教学目标，教育者按照教学规律和特点，对教学过程的全面管理。它包括：教学目标管理、计划管理、教学过程管理、质量管理、教师管理和教学档案管理六个方面。高校想要培养高质量的人才离不开合理的教学管理，自主学习虽然已经进行了好些年，但仍需要健全的教学管理以保证自主学习顺利进行。

1. 制定并落实网络自主教学计划

参照国家课程教学要求，大学应结合本校实际情况，确定本校的英语课程教学目标和英语网络课程教学要求，从网络课程描述、教师网络辅导量化要求、网络教学辅导安排、网络学习学分管理、网络教学考核和学生网络自主学习进度等几个方面制订教学计划。

2. 将网络学习纳入学分制管理

改革现行每期期中＋期末＋平时出勤的计分方法，将网络课程学习纳入终结性评价中。《课程要求》对此也有具体的要求。新的学分制度应将网络学习纳入学分管理中，这样才能为网络学习提供管理上的保障。

3. 对网络教学工作量化管理

这就要求学校对教师的网络教学思想、态度、技能以及网络辅导、与学生网上交流、上传英语资料、解答学生疑惑等提出具体的质量标准和数量要求。

（二）学习者方面

1. 提升信息素养能力

第一，运用现代教育技术处理信息的能力。高校是科研重地，大量信息技术会被学生广泛使用。高校大学生应当掌握数据挖掘技术、搜索引擎技术等，这些技术的掌握有利于学习者快速获取有用信息、方便以后工作学习中的沟通交流。第二，信息获取、整合能力。信息获取是指学习者在原有的学习、研究知识的基础，运用一系列的信息技术搜索新信息，融合新旧信息的能力。而信息整合能力是指学生按照仔细分析、去粗存精、去伪存真的原则对获取的信息进行不同的分类，以保证所获得信息的正确性、条理性和价值性，建立起自己的知识体系。如果说信息获取量是积累的话，那么信息整合能力即是质的提高，学习者应当具备这两种能力，为后续的学习和工作提供技术保障。

2. 学习策略培训

第一，介绍记忆策略。如《大学课程教学要求》中指明掌握的词汇量应达到约4795个单词和700个词组（含中学应掌握的词汇），其中约2000个单词为积极词汇，即要求学生能够在认知的基础上，在口头和书面表达两个方面熟练运用的词汇。为了帮助学生掌握大学课程教学规定的词汇，英语教师应该针对全体学习者进行记忆策略讲座。第二，在英语课堂教学中有意识地进行阅读策略培训。阅读策略培训基本上可以在每一堂课中进行，教师在课堂教学的过程中，可以结合阅读实例，使学生了解在阅读过程中可以用到的阅读策略。

（三）自主学习监控方面

1. 内部监控策略

内部监控策略包括自我监控策略和学习资源管理策略两种。前者含情感调控策略与元认知监控策略；后者含学习时间管理、学习环境管理和寻求他人帮助等策略。

（1）自我监控策略

外语学习的自我监控策略指的是学习者在语言学习实践活动中为达到预定的学习目标，将自身正在进行的语言学习与语言实践活动过程作为对象，不断地对其进行积极、主动、自觉的自我计划、自我监督、自我检查、自我反思、自我评价、自我反馈、自我控制、修正与自我调节的过程。

（2）学习资源管理策略

学习资源管理策略（resource management strategies）是辅助学生管理可用环境和资源的策略。进行学习资源管理的目的是帮助学生适应环境以及调节环境以适应自己的需要，学习资源管理策略对学生的学习动机具有非常重要的作用。

其中，时间管理强调包括自主学习过程中的整体时间分配计划。比如：科学合理地制定学习时间表，并对学习进程做好时间记录；在电子学习反思日记里对时间的利用效率进行反思；针对网络环境下自主学习的特点，掌握好学习时间的灵活性，管理好具体学习内容的时间安排，包括同步、异步网络教学活动以及网络自主学习课程的时间安排等；环境管理指自主学习不是学生自己在一个封闭环境中的埋头自学，而是需要一个轻松和谐的环境，也需要教师的指导与鼓励、学习同伴的合作与相互交流，这样师生之间、学生之间才能发生思维的碰撞、才能产生智慧的火花，才能在民主、合作、探究的氛围中提升自我；寻求他人帮助指在面对海量信息及多媒体、超媒体技术等碰到困难时，寻求外界的帮助和支持，如寻求教师帮助、伙伴帮助，通过学习伙伴进行小组合作学习，获得个别指导。

2. 外部监控策略

外部监控策略指教师、教学管理部门、学习同伴等外在力量对学习者的自主学习活动的适度介入、监督、评价与控制等一系列活动。主要包括教师角色介入、同伴相互监控、班主任及辅导员介入、教学管理机构（含教学督导）介入、网络技术监控。由于已经对教学管理方面的策略进行了阐述，下面将不再对此方面的外部监控策略进行介绍。

教师应能监控学习者学习目标与计划的制定及执行情况，要能通过多种途径随时监控学生的学习进度及学习效果（如通过网上作业上传、组织学生开展讨论、通过 E-mail、

QQ、微信等方式交流）、监控学生的学习质量（如严格设定每通过一个单元的学习与测试才能进入下一学习流程）、监控学生自主学习时间。

同伴相互监控是自主学习外部监控的重要组成部分，也是合作学习的有效途径。同伴相互监控基本内容和方法有：第一，共同制订学习计划并签订互助协议；第二，共同约定学习内容并按计划和约定实施定时定点相互检查；第三，设计交互活动，如结对子活动或小组学习与讨论活动，并相互监督实施；第四，相互检查学习结果，并给予评价，给出学习策略调整建议；第五，在完成学习周期后，各小组成员给同伴给予真实合理的评价意见，即进行小组成员互评。

班主任及辅导员的积极干预主要表现在以下几个方面：第一，进行人生观和理想观教育。大学外语教育往往能搭建大学生事业起飞的平台。人性化的人生观和理想观教育会激发学生学习动机，明确外语学习在其终身教育和个人事业发展中的重要意义；第二，进行学习策略的引导与培训；第三，进行学习时间的管理，通过建立一些量化考核标准可以督促学生有效安排自主学习；第四，对学习结果给予积极反馈，进一步激发学习者的学习热情。

网络技术监控指大学教师或网络学习平台的管理员充分利用网络平台的管理功能，对学习者的网络自主学习实施实时监控，对登录注册、上网学习的时间记载、浏览内容、练习及测试成绩评价、聊天记录、教师辅导答疑等给予详细记载，并可形成书面报告，供教师参考，全面了解学生在基于网络平台的大学自主学习的情况，成为形成性评价的一个重要组成部分。

二、移动技术支持下的混合式听说教学模式

（一）模型设计思路

"移动技术支持的大学混合式听说教学模式"是建立在课外自主学习与课内互动学习这二者交互作用基础上的一种混合教学模式。简单地说，这种模式可分为课前预习、课内练习与课后探究三个阶段，实现以下几个维度的混合。

第一，课内正式学习方式与课外非正式学习方式的混合。此模式将口语学习的一些环节延伸到课外进行，弥补口语课堂教学时间有限的缺憾，学生通过课外的非正式学习来了解与口语学习内容有关的外国文化知识，并通过课外反复的听力和口语练习提高准确性和流利性。课外非正式学习成为课内正式学习的有益补充，学生既能做到课前的充分准备，又能在课后进行更高层次的学习。

第二，课内教师讲授式教学与学生自主式学习的混合。课内正式学习阶段，与听力和口语技能有关的语言知识的学习是十分必要的。在课堂教学时间的前段，由教师讲授语言知识，包括词汇、语法、语音、语调等，并结合课前学生接触到的外国文化知识，对本节课的听说学习内容进行详细的讲解。而课堂教学时间的后段，学生通过小组互动的方式进

行自主学习，并在互动中锻炼听力和口语技能。根据学习内容的实际需要，教师灵活安排课堂的教学与学习方式。

第三，教与学过程中的传统媒体与新媒体的混合。混合式教学模式中的教学媒体具有多样化特征，教师和学生根据实际需要来选择适当的媒体进行学习，如语音室、影音资料、多媒体计算机、计算机网络、手机、笔记本电脑、学习机等媒体类型，实现传统媒体与新媒体的混合。

第四，教学内容上实现英语语言知识与英语听说技能的混合。此模式改善传统课堂"重知识、轻技能"的弊端，实现语言知识和听说技能并重，充分的语言知识学习是发展听说技能的必要条件，而听说技能的提高又可以反过来促进学生对语言知识的更深理解，在听说中养成用英语思维的习惯和语感，有利于阅读和写作能力的提高。

（二）学习策略培养

1. 听力

首先在课前，学生根据通过播客所接收到的预测性听力内容能够对课堂上的听力材料作前期预测，课堂上教师向学生介绍根据总结题干的方式对将听材料可能涉及的话题进行预测。由于选项中有些是听力材料中没有直接表现出来的，因此需要学生联系自己在课前预习阶段所建立的背景知识将其与选项内容结合起来，这样才能提高预测的准确度。有了相关的预测，在听的过程中就可以针对选项中所涉及的信息进行重点捕获，减轻认知负担。

其次，在听力过程中学生会遇到一些生词，而听力理解的瞬时性不允许学生去查字典，教师要指导学生根据上下文语境、背景知识、语法结构以及说话人的语气、语调等方法推测生词的含意，通过这种方式，向学生讲述词义推理策略的使用方法。在学生知晓推理策略的使用方法之后，通过收听与范文相类似的听力内容，边听边理解，并运用推理策略对生词进行意义预测，而教师以提问的方式检验学生的理解是否正确。如果学生的推理有偏差，教师要及时帮助学生回到正确的预测方向。因此整个训练过程由学习推理策略的使用方法最终升级到提高使用推理策略的水平上来。

最后，训练选择性注意策略，培养学生区别重要信息与次要信息的能力，使学生清楚"选择性注意"就是"把注意力集中在可以帮你完成学习任务的相关的关键词、短语等信息上"。在听的过程中培养学生捕获重要信息、敢于放弃无关信息的听力习惯。听力理解是对重点语句和语篇的意义理解，不必要逐音、逐字、逐词地听懂所有内容，听时要着重于整个听力内容的理解，遇到未听清的地方跳过去，再配合推理策略进行补充理解。在课堂上，教师要创造一种筛取有用信息的环境，给学生人为地制造出各种各样的目的，以训练学生准确捕获信息的能力。课后可以通过播客的方式在固定时间向学生推送问题解决式的听力任务，并要求学生在一定的时间内完成任务，上传任务结果，促使学生养成迅速从录音材料中筛选有价值的信息来解决问题并完成任务的能力。

2. 口语交际

在课堂中，教师创设交际情境，通过师生对话的形式向学生演示交际策略的使用，再通过学生与学生互动的方式，让学生演练交际策略的使用。例如，通过猜词游戏能够生动而有效地训练转述策略，教师课前准备一些图片，图片中是一个可以用名词表征的物体，让一名学生利用描述和说明的方法用英语进行描述，而让另外的学生根据他的描述正确猜出物体的名称。而且，可以采取激励的方式，谁猜得对就会得到奖励。这种方式能够很好地让学生学习如何运用转述策略，并在游戏中真正感受到这种策略的有效性。那么学习者以后在真实的交际中碰到不会表达的词汇或者概念时就能因地制宜地运用转述策略，连贯地表达自己的想法，使交际不至于中断。在课后的交际任务中，有意识地设计能够练习交际策略的较高难度的任务，这样学生才会有使用交际策略的需求，使课堂中学到的交际策略在真实的任务中得到强化。

三、网络环境下大学课堂教学优化

（一）硬件环境建设与优化

第一，师生应成为硬件环境建设的决策人。校方的资金投入是生态化课堂教学硬件环境建设的必要前提。同时，在硬件建设上应该坚持使用者设计、相关者参与的原则。作为使用者，教师和学生从宏观层面应该参加到校园规划中去，特别具体到教学空间设计、多媒体教室设备的选型以及教学软件的需求调研等，成为硬件环境建设的决策人。高校设备处、教务处、教育技术中心等相关部门再协同参与其中，为网络环境下大学课堂教学提供有效支持。此外，教师需要在机房位置、教室布局以及上机安排等方面做好科学管理。比如，教室布局上，在方便利用计算机开展学习活动的同时也要考虑到是否适宜进行常规的教学活动，所以计算机房和教室不该分开设置。

第二，实现大学应用技术设备的硬件资源共享。硬件资源的整合应优化已有资源，动态共享，更得改变重投资、轻管护，条块分割、各自为政的局面。学校应该成立公共资源管理科，与实验室、设备处相互协调，统筹全校的多媒体教室、语音实验室、计算机室，以及内部设备使用与管理。设备整合不是设备的简单叠加，应该在易用、够用的原则下建立网络系统组合，综合考虑设备的先进性、经济性和兼容性。网络环境下大学教学不是要抛弃所有非数字化资源，而是根据教学需要，科学融合现代技术和传统教学手段，用最佳方式组织教学。比如，在经济不发达地区的学校，在数字化语言实验室中可以安装接入磁带播放设备，以低成本激活基于磁带的传统音频资源，同时彩电接收机依旧可以作为很好的小班教学显示终端设备。

（二）软件环境建设

第一，优化网络选修课程建设质量。学校应该进一步加大网络课程开发力度，鼓励和资助网络课程创新团队，真正建设一批精品专业英语选修课程。首先，强化网络课程教学活动设计，包括网络教学模块设计和教学活动设计，强调课堂教学与网络教学的整体性，加强网络课程教学监控和有效管理，包括为教师配备网络课程助教等办法为网络教学提供更好的支持。其次，完善网络教学平台建设，教师应该在平台的功能建设和技术建设上花费精力，不断完善自己的网络课程设计。从思想上重视网络课程的应用，从学习者的角度进行课程设计；再次，教师应积极参与，通过上传资料、布置作业、批改作业等来调动学生积极性。并且共享网络精品课程教学经验，进行有组织的讨论、并对学生给予及时指导，对优秀生给予奖励。最后，运用网络课程创新教学。通过团队组建、任务或主题布置，鼓励学生探究式自主学习，培养自主学习能力。

第二，倡导个性化、多元化网络课程设置。建设"四年不断线"课程资源，从教育生态学的兼容、多元、差异性原则出发，有必要把专业用途英语加入网络选修课程。在改革的大背景下，教师应该携手各专业教师，制定出符合本校学生特点的专门用途教学大纲，规划以及设计出符合本校学生认识规律的专门用途英语教材，通过网络选修课的形式呈现给学生。贯彻"四年不断线"的大学教学理念，依托大学应用，提高教学阶段教学平台、双语辅修专业教学平台和专修证书教学平台三大主要模块的利用率，建设网络化英语选修课程，根据不同学院、不同专业学生的需求，确定开设门数，旨在引导学生根据自身的兴趣和需求进行个性化学习，丰富学生的人文知识和专业知识，拓宽学生的国际视野，提高学生的综合素质。

（三）建设智能化教师发展平台

第一，学校应支持公共外语部建设一个大学教师网络发展平台。平台应拥有各类大学教学多媒体资源以及精品课程录像。教师根据课程不同类型或者所教授年级建构不同模块，共享平台资源并借助 Google Group 等论坛进行教学研讨交流，在群体氛围中培养信息教学素养。每位教师应为自己建立电子教学反思档案，反思自己的课堂组织、教学效果、学术研究、学术成果等，对自己的教学与研究活动给予评析、支持或者修正。反思档案袋可以借助博客、微博等形式完成，同伴互助和专业引领等也应进入平台。不同年龄、职称结构的教师共同交流体会，在充分利用网络信息技术资源作用的同时，增进信息教学能力。

第二，国家应该建设一个宏观的信息化师培平台。针对当前大学教学面临的困境和挑战，国家教育培训部门应该协同各省教育培训机构、联合各高校大学教研部，充分利用信息技术，建设一个智能化大学教师网络师培平台。教师可以通过平台进行信息素养培养、信息技术培训，也可以在平台上了解国家相关教育政策和教改方向。最重要的是在平台上能和国内知名专家、学者分享教改经验和探讨教改途径等。网络师培平台可包含国家层面、省级层面以及校级层面几个不同系统，平台系统能够借助各类教育软件、数据库、电子期刊、在线工具书、视频、同步或异步反馈、网络日志等形式对教师进行网络多维培训。

（四）网络环境下的英语翻译"零课时"策略

"零课时"教学方法有三方面的特点，即"有教师""有学分""无课时""有教师"指虽有教师指导，但藏身于网络之中，不对学生进行面授，监控学习始终，最后给出阶段性评价；"有学分"指倡导学生自主学习，有明确的学习任务，有过程评价，有成绩核定，提高学习效果；"无课时"指无教学课时，其是翻译"零课时"的最大特色，学生可以在大量的课余时间里，合理安排学习进度、灵活安排学习时间，从被动学习转为主动学习，提高翻译技能。

第一，组织保障，建立翻译"零课时"教学团队。在网络环境中进行翻译"零课时"教学，教师不能只公布答案，而是要做好很多工作，如确立分层次的翻译教学目标、规划和整合海量的教学资源，以及监督和指导学生的学习过程。这些工作不仅量大而且非常繁杂，依靠某一位教师独立完成是不可能的。因此需要建立一个有耐心并且能吃苦的团队，团队成员需有丰富的翻译教学经验，他们易接受新的教学理念、能熟练掌握运用新的媒体技术。

第二，加强引导，教师团队编撰翻译书目。学生在自主学习时容易盲目选择学习内容，为了避免这一现象，教师团队有必要结合大学课程教学要求中对各阶段的具体要求和本校学生人才培养方案的实施意见，编写切实符合本校学生需求的课程指导书，内容应囊括翻译的基本理论和技能。学生在指导用书的帮助下，明确在学习过程中各阶段的目标及学习任务，确定考核内容。第三，学习进程归档，创设学习水平评估和档案袋。评价体系为了配合做好监督和促进学生自主学习过程及效果的工作，教师团队要对学生的作业进行抽查、批改，并做记录，形成完整的教学检查链。在"零课时"中也要根据要求设立阶段小测，针对学生的考试情况，判断下一步需要解决的个性和共性的问题，认真对待学生的留言，建立及完善学生翻译档案袋评估系统。依靠该体系，学生可以对自己的学习水平有更加直观的认识。

第十二章　翻转课堂教学模式

翻转课堂教学模式作为一种新兴的教学模式，有效促进了课堂教学效果的提高和教学目标的达成，实现了个性化学习。本章主要介绍了翻转课堂的基本理论、翻转课堂在教学中的运用以及基于翻转课堂的大学教学方法。

第一节　翻转课堂的理论知识

不同于传统的说教模式，在翻转课堂教学模式的背景下，学习者通过在线课程开展先前知识的外化，根据自己的进度进行信息搜索和在线讨论，而不是被动地接收信息。另一方面，为有针对性地解决问题，通过在同行和导师之间开展面对面的协同工作（如讨论、争论和回顾）进行知识内化。

一、翻转课堂的兴起

教育不会是一成不变的，在外界大环境的不断变化中，教育领域也会通过不断的革新，以适应历代学生的不同需求。在 Eteokleous 的研究中，他提到"当教师觉得他们的传统教学模式是合适的、有效的时候，他们就会抵触融入信息技术的课堂改革。"当这种抵触存在时，一场大规模的推进信息技术融入教育的革新就会席卷整个国家。Lowther 在研究中提到"在基础教育大环境下，将学生培养成主要劳动力和提高他们的知识技能储备这两个目标是驱动将信息技术融入教育革新的主要动力，这是众人皆知的。"从没有哪个时期像现在这样，学生们的日常生活中的大部分时间都是和信息技术无法分离的。根据 Google 提供的数据，YouTube 视频网页以超过 20 亿的每日访问量位列第三。

网络信息技术的普及，为大学教学带来了革新的希望，网上搜索引擎、视频、聊天软件等都成为大学教学中能够辅助的工具。视频的好处及其流行程度和普及广度是显而易见的，凭借这些优点，视频被广泛用作课堂教育的新兴手段。2000 年，Lage，Platt 和 Treglia 提出"翻转课堂"这一观念，意在用"翻转"二字展现网络信息技术对传统课堂教学环境的颠覆。从前传统课堂上学生做的事情，在翻转课堂上已然转变为学生需要在家做的功课，与传统课堂中学生课上通过教师授课而获得知识不同，翻转课堂模式中，学生在课堂之外通过网络观看视频课程自行学习新知识内容，而在课堂上，学生会在教师的指导下，通过学生之间合作等方式，解决在传统课堂课后作业要解决的任务。

近年来，这样的翻转课堂模式逐渐在国外基础教育环境下得到普及，我国在翻转课堂的实践情况也随着研究的普及而展开。最早在2011年，重庆聚奎中学的老师们将翻转课堂应用于语文课堂教学，在得到不错的反馈后，又陆续将翻转课堂模式应用于数学、英语、化学、物理等其他学科。在实施一段时间后，学校对在实验班进行翻转课堂教学实践的教师进行访谈，得到的结果是百分之百欢迎翻转课堂教学模式，并愿意在新学期继续使用这一教学模式。在这样的形势下，深圳、广州、山东等地区的学校也陆续开始对翻转课堂进行实证研究探索。

翻转课堂这一教学模式受到了多种教学模式的影响，如基于问题的教学、探究式教学、实时教学（JITT）、以过程为导向的探究性学习以及同伴教学法等。翻转课堂是一种在传统教学课堂模式基础上进行改革创新后的新型教学模式：在课前，学生自主地通过视频等在线影像资料进行知识学习；在课中，学生的时间多用于合作学习和探究式学习，即教师不再进行如传统课堂中的知识传授，而是引导学生主动自发地运用课前所接触的知识，来实现问题解决式的合作或独立学习。课后阶段是学生对所学知识的效果的评估阶段，学生通过课后练习、实际应用等方法来考察评估自己对新知识的摄入情况，同时也可以针对课中阶段所进行的活动制作成果汇报展示的视频等，教师也可以通过传统的考试对学生进行总结性评估，以达到查漏补缺的目的。虽然翻转课堂在我国的实践有了一定成效，但还是有诸多不尽如人意之处。其中，由于中国学生的学习从基础教育开始，都是在教师的带领下完成，学生对教师的依赖性极强，学习上缺乏自主性。但翻转课堂教学模式对学生自主性有一定要求，在其每个环节中，学生自主性都起着举足轻重的作用。可以说，翻转课堂成功发挥其教学效果的关键因素之一就是学生自主性的有效发挥。因此，在现有国内翻转课堂实践中，应对学生自主性展开相关研究，以此来提升学生自主性，从而更好地发挥翻转课堂的教学效果。

二、翻转课堂的理论分析

（一）概念

从现有的文献报道来看，由于研究视角的差异，翻转课堂尚未形成统一的界定。基于教学流程，可以对翻转课堂做出如下理解：在课前实现知识学习，在课堂阶段完成对知识的理解与消化。翻转课堂明确了将学习阶段放置到课前的教学流程中。而应该属于课后阶段的知识消化、吸收和巩固任务则翻转到课堂教学阶段中。

基于使用的辅助教学技术，翻转课堂将信息技术手段充分融入实践教学中，实现在课前的自主学习，知识消化、吸收与巩固的内化任务则在小组讨论、课堂教学等环节完成的教学模式。该定义吸取了基于教学流程的翻转课堂概念，并且明确现代信息技术在翻转课堂教学中的运用价值。但是，该定义过度强调信息技术辅助教学在翻转课堂中的运用价值。

虽然计算机辅助教学阶段已经广泛运用于教育事业，但是翻转课堂并不一定完全依赖计算机辅助教学实现。

总的来说，翻转课堂是以激发学生学习兴趣为前提，充分运用丰富的教学手段，融合了课前自学、分组学习与讨论等手段，于课前实现知识的获得，而原属于课后环节的知识消化、吸收与内化则翻转到课堂的一种教学模式。翻转课堂的实质是将课堂教学和课外教学相结合，构建了以"学生"为中心的学习秩序。通过翻转课堂，将传统的教学分为两个层次。课前学习阶段侧重于基础知识、概念和理论的理解与掌握，课堂学习阶段则侧重于基础知识的消化、吸收、巩固以及内化。此外，在翻转课堂可利用资源方面，不仅局限于计算机、互联网等信息资源，也包括老师自制的知识要点、课前预习题、基础知识测试卷乃至其他有助于学生预习（学习）的资料与素材等。

（二）特点

一是翻转课堂在一定程度上实现了学生学习主体地位的回归。以往的教学方式中，学生进行的是被动式学习，学生自主学习能力差。翻转课堂强调实现学生的主动学习，并且有机地将两个"主体地位"结合，改变了以往消极学习的状态，增强了教师、学生"双主体"的主观能动性。二是翻转课堂丰富了教学资源。信息技术的发展丰富了当前的教学手段，课堂教学的可利用资源增多，但是从现实来看，现代教学过程中"一支粉笔、一块黑板"依旧占据着主要地位。因而，要求教师充分利用有限的教学条件开展有效的教学活动，教师只能以有限的手段向学生展示有限的信息。而采取翻转课堂的模式，教师可运用的知识载体更加丰富，学生也可以利用多种载体获得（学习）知识。三是可根据学生实际情况，在翻转课堂教学中融合多种教学方法。比如将翻转课堂与发现性学习、情景教学相结合，培育学生的创新精神。在理论层面，对于不同学习层次的学生，翻转课堂能够实现层次化教学。

（三）注意事项

从理论上讲，翻转课堂是优于传统课堂教学的一种教学模式与方法。但是，要发挥好翻转课堂的优势，需要注意如下事项。

一是在翻转课堂运用中，必须要考虑学生实际情况，要分析学生的学习条件、学习基础等。因此，在翻转课堂实施中，不可盲目推崇其教学效果。二是要为学生准备好合格的学习资源。合格的学习资源是保障翻转课堂教学质量的关键与物质基础。学习资源未涵盖教学知识点，或者资源超越了学生的理解与学习能力，或者学习资源展现不合理等，都不符合翻转课堂的要求。合格的学习资源应该至少具有"知识点全、易于理解、符合学生认知水平"等特征。三是在翻转课堂教学环节，需要老师具有敏锐的观察力，对于学生课前学习效果能够实现准确的了解，并发现课前学习中的不足，进行有目的性的讲解，增强学生对知识的把握。比如对易混淆的知识点，要侧重于讲解知识点的异同；对于难点，则宜采取分解教学的方法，将难点适当分解为多个相对容易的细点；四是在翻转课堂评价方面，要重视多维评价。除了传统对知识掌握的考察评价外，也需要对学生学习态度、学习能力、团队协作等进行综合考察。换言之，翻转课堂的评价不能局限于学生知识考察的单一模式，而应从学生的综合能力出发进行评定。

三、我国对翻转课堂领域的研究

（一）研究不断深入

从 2005 年开始对翻转课堂被介绍引入开始，我国对翻转课堂领域的研究发展迅速，从 2011 年开始研究数量成倍增加。研究内容从最开始对概念介绍的综述性研究逐渐过渡到了实践研究。2013 年对翻转课堂的研究的增长尤为突出，在各个领域的研究都有明显的增长，尤其是对翻转课堂教学实践的研究。而截至 2015 年，对翻转课堂的研究持续增长，其中最明显的是对翻转课堂研究的相关硕博论文数量增长突出，可见我国对此模式的研究正在不断深入。

（二）教学模式的研究

目前国内翻转课堂研究的关注重点之一是在翻转课堂的模式构建上。在翻转课堂基本模式的基础上对具体模式进行设计并实施。如李梁等介绍了上海大学"问题解析式"教学模式探索的背景，构建了交互型教学模式的三阶段（课外、课内、课内总结和学习任务设计）和七步骤，思考了教学实施的前提和条件，并提出翻转课堂意义所在。刘震等通过分析如何将翻转课堂应用于思政课的实施，总结翻转课堂的效果体现，提出还需解决的问题。应筱艳等分享了之前研究中以视频为主的初中英语翻转课堂，逐步分析自主学习、课堂交流、一对一数字化教学和个性化学习，从而提出如何实现视频模式的突破。目前，高校是翻转课堂教学研究的先锋，北京师范大学等全国各大师范院校除开展自主研究外，同时积极指导中小学开展翻转课堂实践。目前课堂实践所涵盖的学科广泛，但各个学科翻转课堂的本土适应性还有待进一步的研究。

（三）行动研究与实验研究

将翻转课堂教学模式应用于自然班级进行准实验研究是目前我国对翻转课堂教学模式研究的另一个研究方向。这些研究试图将翻转课堂教学模式应用在真实的课堂教学中，探索其在应用中的问题，如何在实践中找到适合本土化的翻转课堂教学模式。马秀麟等选择了 2 个班，A 班为普通班试点，拔尖人才实验班 30 人，通过前测后测、分级考试数据分析、利用改进后的 LASSI 量表做问卷调查，对教学过程中的阶段性测验成绩等各类调查、测量数据分析，得出结论与反思。汪晓东等选取本科生 16 人为研究样本，运用单组实验法对听力、英译中、中译英和写作进行前测后测，通过问卷调查、访谈、案例分析等方法，通过实验研究对翻转课堂的教学效果进行验证。仇慧以中国文化课程为例，对基于翻转课堂模式下大学教学进行准实验研究，通过分析获得前后测数据以求证翻转课堂模式的教学效果。曹晓粉基于翻转课堂教学模式，构建了"双主三段七环节"的教学模式并对此模式进行有效性验证，将教学效果与传统教学模式的教学效果进行比较，论证其相较于传统模式的优势。此外，针对大学课程的翻转课堂研究也在不断展开。如陈晓平的《传统教育模式被翻转的端倪——"翻转课堂"在成人高校商务英语写作中的实践与体验》、余萍的《翻转课堂在教学中的应用》、崔艳辉等的《翻转课堂及其在大学教学中的应用》等。

四、翻转课堂理论基础

（一）人本理论

人本主义理论认为教师的任务是为学生提供各种学习的资源，营造一种使学生能够进行良好学习的气氛，让学生自己决定如何学习，以学生的"自我"完善为核心，强调人际关系在教学过程中的重要性。翻转课堂教学的过程中需要教师制作或者搜集优质的视频资源，用以作为学生课下能够进行良好学习的辅助性学习资源，教师的主要任务是为学生提供良好的视频资源、视频资源，作为学生课下学习的辅助资源。课下阶段学生通过教师提供的视频进行学习，自己决定如何学习，以自我完善学习为主，学生自己是自己学习的主人，决定如何进行学习。课中阶段是教师与学生进行答疑的阶段，这个阶段是教师辅导学生进行疑难问题的解决的阶段，教师也可以把学生分成小组，学生与学生之间可以进行组内互帮互助形式的学习，小组与小组之间也可以通过组间讨论，进行小组与小组之间的互助学习，这样翻转课堂就营造了一种使学生能够进行良好学习的气氛，强调了人际关系在教学过程中的重要性。无论是教师为学生准备视频资源以及教师对学生进行分组教学，还是学生自主进行学习以及学生与同伴的互助学习等，翻转课堂都体现出了人本主义理论的思想。

（二）建构主义理论

该理论注重教学过程中学生的中心地位。认为教师在教学中的主要作用是引导，学生则为主动学习者，能够进行主动构建。依据该理论观点，教学过程的本质就是学生能够在教师辅助引导下实现有意义的构建。在这个过程中，学生的能动性得以充分发挥，即学生进行主动学习。

建构主义在翻转课堂中具有重要的理论价值。构建主义重要的组成元素包括情景、会话、合作、意义。翻转课堂的课前学习，需要教师合理地设置情景，向学生尽量真实、完整地展现学习材料，并组织学生进行必要的协作、会话。学生则可以通过课前学习，初步形成相应的意义建构。在课堂教学阶段，老师则需要有意识地引导学生，在发挥好知识传授者角色的同时，挖掘引导者、帮助者角色，进一步帮助学生形成有意义的建构，从而完成教学目标。而翻转课堂要求学生具有较强的自主学习能力，因此需要老师在学习材料展现、学习过程管理等方面予以特别重视。

（三）学习动机理论

学习动机理论认为学生的学习主要由学生的学习兴趣、学习需要、学习态度等主观因素决定，学生进行长时间有意义的学习，学习动机是必要的。翻转课堂教学与进行需要学生学习的内部动机作支撑，也就是学生的主观因素决定，学生的学习动机强，对知识的好奇心就会增强，学习效果就会提升；相反，如果学生学习的动机弱，对知识的掌握程度就会明显逊色于学习动机偏强一点的学生。课下是翻转课堂教学过程中知识传递的阶段，在这个阶段中，学生在没有教师监督的情况下，完全依靠自己进行知识的建构学习，这就需要学生有充分的学习兴趣，良好的学习态度，以及对学习的渴望，然后进行自主自觉的学习，这个阶段取决于学生的学习兴趣，学习需要以及学习态度等主观因素，体现出学习动机理论的主旨。

课中阶段是翻转课堂教学过程中知识内化的阶段，在这个阶段中，学生与老师和同伴间进行的是讨论互助式学习，虽然有老师的监督，但是对于那些学习兴趣不足，学习态度不良好的学生，知识内化也是不理想的，这就需要同伴的引导，老师的帮助，培养学生的学习兴趣与学习需要，培养他们的学习动机，激发其学习兴趣，达到知识传授与知识内化的目的，因此，学习动机理论是翻转课堂教学实施阶段中不可或缺的理论。

（四）翻转课堂与传统课堂基本程序的比较

1. 翻转课堂基本程序

通常，翻转课堂主要教学环节为课前与课堂。在实践中，翻转课堂在一般的环节划分基础上，添加了课后学习环节。不同的学习环节需要实现的教学任务不同。课前学习环节主要是学生对知识进行的自主学习，引导学生自主学习，总结课前学习中发现的问题以及疑惑，并按照要求准备好课堂展示资料。同时，在课前学习阶段，学生们通过自由分组（或者指定分组）等模式，展开讨论、交流。

课堂教学一般先由学生（或学习小组）展示课前学习成果，并提出自己在学习中面临的问题和困惑。针对课前学习的具体效果，老师来进行分析、点评。尤其是要针对学生课前学习面临的问题与困惑进行解答。然后，进行必要的课堂测验，以更加全面地掌握学生知识学习情况。最后，安排课后练习以及下一课时的学习内容等。

课后学习阶段是本次翻转课堂教学的最后一个阶段，同时根据教学进度安排，对于下一次翻转教学而言，又会成为其课前学习环节。根据课后学习的任务和学生自主性情况，可以将课后学习分为习题练习（以作业形式表现）、巩固学习（学生总结并内化知识）、自我提高练习（学生自主收集资料，比如历年四六级考试真题）等。在完成本单元既定教学任务要进入新板块后，其将自动地转入到下一课堂的课前学习阶段。

简而言之，翻转课堂采取的是"先学后教而后练"的方式。在课堂教学前，由学生先自主或分组学习，形成对相关理论知识的主观认知，包括知识的难易程度、新知识与旧知识之间的关系以及在学习中发现的问题与困惑等。然后在课堂教学中，教师根据学生学习情况（依据成果展示、课堂问答、课前作业完成情况等）进行必要的教学与指导，最后指导学生进行知识巩固的练习，以加深知识巩固与内化。

2. 与传统课堂程序的异同

相比于翻转课堂"先学再教最后练"的流程，传统教学模式中，由教师传递新知识，而后学生展开练习，由老师按照一定的教学原则和流程先进行课堂理论教学。理论教学一般采取先导入新课、再进行知识讲解、接着布置作业的模式。然后，学生经过课下的作业来增强对知识的理解。从教学流程来看，翻转课堂比传统课堂多了"先学"的环节。这里的"先学"与传统课堂的提前预习是性质完全不一样的学习。相比于提前预习，翻转课堂的"先学"无论是难度、深度、学习目的乃至对学生的要求都明显提高。其次，和传统教学模式一样，课堂学习阶段在翻转课堂中同样是必不可少的，但是彼此的课堂教学侧重点与要求并不一致。传统教学中，该阶段主要是由教师完成知识教导任务，老师扮演了更核心的角色，而没有充分考虑学生自主学习性。但是在翻转课堂中，由于学生提前学习了相应的新知识，并且形成了初步的认知，讲授新知识不再是课堂教学的核心任务，发现学生学习中的难点、困惑则是翻转课堂教学的核心。教师新知识的讲授侧重于针对学生学习中所面临的困惑和难点进行。此外，在翻转课堂教学中，多了学习成果展示环节。在传统课堂程序中，则没有课前学习成果展示环节。

第三，课后学习阶段在传统教学与翻转课堂中都是存在的，而且课后练习的目标均为巩固、内化新知识。翻转课堂模式中，课前学习为学生提供了学习基础，能够较为准确地认识自己在学习中存在的问题和困惑，并经过课堂教学得到了释疑。因此课后练习更有针对性。但是传统课堂的学生在课后练习中则需要自我检测，进行薄弱环节的分析与解决，课后练习效率不如翻转课堂。

第二节　翻转课堂在现代教学中的运用

翻转课堂最初从美国兴起，翻转课堂将传统课堂讲授学习环节前置到学生课前学习，注重学生的主体能动性，有利于促进学生综合能力培养。翻转课堂是否能在我国大学教学中也取得相应的效果，对于其应用方面的研究尤为重要。

一、可行性分析

将翻转课堂运用到大学教学中，其可行性主要体现在：学习方式转变、大学生主观条件、物质与师资情况、英语学科教学特点等。

（一）学习方式转变

在中小学阶段，受制于"应试教育"、中小学生知识层面较低、自控能力较差等因素，学习多以被动学习为主，"老师讲、学生学"，学生在学习中的主体地位没有得到较好的体现。但是进入大学后，学习更强调学生的学习自主性，大学生学习更多地依赖于自主学习而非被动学习。同时，基于大学在教育领域的定位以及人才培养目标，也需要大学生从过去的被动学习转向自主学习。翻转课堂则能够较好地体现自主学习的精神内涵，帮助大学生适应大学教学模式。从翻转课堂的特点以及大学教育与培养目标来看，翻转课堂适合大学教学。

（二）学生主观条件

翻转课堂对学生综合水平有较高要求，需要学生学习基础比较牢固，并且能够自我控制。从大学生主观条件来看，随着身心发育的不断成熟，是非辨认能力与自控能力得到了明显提高，这是翻转课堂成功施行的重要心理保障。同时，我国严格的"高考"选拔制度，在一定程度上保障了大学生具有相应的学习能力与学习基础，从而为翻转课堂的可施行性提供了智力保障。从学生个人学习意愿来看，在年龄不断增长的背景下，对于学习根本目的有更清楚的认识，是为自己而学的，中小学时期的"学习是为老师、为家长"的偏激思想明显消退，这就增强了学生学习的主动性。此外，大学生拥有的个人可支配时间较多，也提供了时间可能。

（三）物质条件

翻转课堂的施行还需要与之配备的物质基础。在物质条件方面，与中小学相比，大学所能提供的物质条件更加丰富。比如在信息化背景下，每所大学都有自己的局域网，学生可以通过寝室、图书馆、多媒体教室等获取相应的学习资源。同时，在无线网络快速发展的情况下，几乎每位大学生都有互联网终端设备，能够方便翻转课堂的开展。同时，相比于中小学老师，大学老师能够更及时、更系统地掌握翻转课堂的最新理论与实际成果，在一定程度上保障了翻转课堂运用的科学性与先进性。

（四）学科优势

大学学科的学习重点是构建相应的情境，营造交际环境，这恰恰是翻转课堂的优势。大学教学中采用翻转课堂的方式，能够进行分组学习通过建构各类符合语言学习的情境，营造更好的交际环境。同时，大学学科的素材较多，而且信息技术的更新发展也为课堂教学带来了丰富的素材，各类音频、视频等材料可以通过网络公开收集，素材准备成本相对较少，这有利于降低大学教学运用翻转课堂的成本。

二、翻转课堂各环节对学生自主性的要求

大学翻转课堂因其学习内容的特殊性,以及教学模式的专有性,对学生自主性的要求既有一般自主性的共性要求,也有在翻转课堂语言学习过程中的学生自主性的特殊要求。下面将大学翻转课堂三个阶段中对学生自主性的具体要求表述如下。

(一)课前

课前学生主要的任务就是通过电脑终端在线观看教学视频,完成课前的针对性练习等,从而达到对新知识的吸收。在这一过程中,教师只是提供教学视频和针对性练习的获得途径,告知学生需要完成的学习任务,并不对学生在这一活动中的过程进行实时的监督,学习任务完全由学生个人完成。所以学生自主性在这一过程中至关重要,如果学生对自己的学习任务认识不清,对自己的学习成果也不带有期待,那么便不能形成较高的自我效能感,从而没有学习动机,造成整个课前学习活动缺乏驱动力,大大降低了学习的效果。反之,学生在自主性的知、情和行三个维度上都做到了,那么课前的学习任务便可以很好地完成,为课中阶段的学习打下良好的基础。

(二)课中

课中阶段学生的主要任务是在教师的指导下,学生带着课前阶段遇到的问题进行独立探索或小组合作学习,通过各类形式的互动学习,进而解决课前阶段遗留的问题,对学习任务中的知识点进行内化和巩固。在这一阶段时,学生的积极性和主动性对其解决学习问题、深化习得知识点有着十分关键的作用,而积极性和主动性正是源于学生自主性,当学生自主性强时,课堂上便会表现出主动提出自己发现的问题,并积极参与互动合作学习,在这样良好的课堂氛围下,问题得到了解决,知识得以内化,相比没有积极主动参与问题解决和合作学习的学生,自主性强的学生必然会有更好的学习效果。

(三)课后

课后阶段是学生对所学知识效果的评估阶段,学生通过课后练习、实际应用等方法来考察评估自己对新知识的学习情况,同时也可以针对课中阶段所进行的活动制作成果汇报展示的视频等,教师也可以通过传统的考试对学生进行总结性评估,以达到查漏补缺的目的。在这一阶段中,如若学生自主性不强,便会对各类评估应付了事,那么整个学习过程便会草草收尾,学习效果也就可想而知了。但是,自主性强的学生并不会认为学习的完成既是课中阶段的结束,课后的应用和评价并不重要。他们会认识到知识的应用对于检测自身知识掌握情况非常有用,也会知道各类评估是对自己在整个学习过程中的查漏补缺,也是为了下一轮新知识的学习纠正方式方法,在这样的情况下,学生便会主动配合完成学习的最后一环节。由此可见学生自主性的重要性。

三、翻转课堂教学实践

（一）教学流程设计

1. 准备阶段

教师首先要明确所要教授的教学内容，根据教学内容及学生特点设计引导学生进行知识学习的导学案，再根据导学案，设计或者搜集符合学生学习特点的教学视频，课前教师把预先准备好的教学视频、导学案分配给学生，叮嘱学生课前观看视频，结合导学案进行教学内容的学习，并理解整篇文章的主旨大意，做导学案上的习题，课前遇到的疑问可以在导学案的相应位置罗列出来，教师在课前收取学生的导学案，进行疑难问题的归纳，带到课中辅助学生解决，学生在课前可以根据教师给的导学案与教学视频，自己进行知识的传授，也可以通过QQ语音等方式与同学进行交流讨论学习，遇到疑难问题就可以在导学案中标注出来，留到课中解决，课前完成知识的传授。

2. 检查讨论阶段

教师提前一天收集学生已经完成的导学案，检查学生课前的学习情况，通过总结导学案的完成情况，找出学生不能顺利接受与吸收的知识，进行总结分析，预测学生的课前学习情况，总结学生的问题所在，反思问题的根源，找到解决问题的方法，课中教师再重新播放教学视频，让学生重新温习教学视频上的知识，回顾自己的疑难问题，随后教师辅导学生进行疑难问题的解决，与学生互相讨论，把学生分成小组的形式，让学生进行小组内的活动学习，营造教师与学生、学生与学生进行交流、讨论、探究、合作与分享的良好学习氛围，激励学生主动与老师进行交流与探讨，鼓励学生与同学之间进行互助学习，让组内知识掌握牢固的学生帮助组内知识掌握差的学生，从而帮助学生达到良好的知识内化与吸收。

3. 总结分析阶段

教师要根据学生课前与课中的表现情况，进行总结分析，总结学生遗留下的疑难问题，并且想办法在下次上课时辅导学生进行知识的再次内化，总结教学中的优势与不足，进行反思，书写教学总结，探究比较好的解决疑难问题的方法，学生要根据教师分配的内容，进行新知识的学习，通过网络平台与教师、同学进行互动，解决最后遗留下的疑问，做到组内课后互助式学习，通过新的视频材料完成教师分发的导学案及教学内容，完成自主学习，圈出或者标记出自己的疑难问题，待到下一次的课中进行解决，教师与学生在课后完成课后反思，教师分析学生状态与学习进度，学生要融入新的知识传授中，为下一次课中活动的学习做准备。

(二)基于翻转课堂的中国文化课程教学

1. 课前教学内容传播媒介的选择和制作

第一,保持视频适当长度。目前对翻转课堂介绍的文章中多数都在强调用视频的短小精悍来迎合学生的"短、平、快"口味,而这种简洁也是数字化时代的产物。教学视频的制作也无外乎此。实践证明,通常对于知识点比较明确简练的视频应当控制在15分钟以内。文科课程内容庞杂、信息量大,可以适当延长视频时间,以保证知识构架的完整。对于内容特别多的教学单元可以采用各个击破的方式来完成,每个视频只涉及一个知识点,如视频重点讲茶的类别时就只讲茶的类别,其他如茶道等内容则制作另一个独立的视频进行讲解。时间过长或内容过于繁杂的视频往往事倍功半。

第二,增强声音的感染力。在文科类课程视频制作时,通常用幻灯片的演示来辅助教师的讲解,学生常常会过于关注看到的内容而忽略了教师讲授的内容。教师在面对学生时,由于有师生间的互动,往往非常富有激情,但当他们面对计算机时,就容易出现苍白、平铺直叙的讲解,而这种声音往往会引起学生的倦怠。因此,在制作视频过程中要注意增强声音的感染力。Jonathan Bergmann 曾试着改变他的声音。他有时混合俄罗斯、德国、法国、意大利等多种口音,学生觉得很有趣,因为他们不知道 Jonathan 什么时候会出现这种新鲜的语调。

第三,重视幽默的运用。著名教育家斯维特洛夫曾说:"教育家最主要的,也是第一位的助手是幽默"。教学视频中的幽默元素使得学习过程张弛有度,同时,幽默往往与语言文化密切相关,在激发学生学习兴趣的同时也促使其对幽默所依附的语言文化进行更深的理解。但幽默元素的运用要注意度的把握,太多与教学内容无关的叙述会引起学生的反感。

第四,增加适当的注释。中国文化课程的特殊性决定了在教学视频中不能将所有脚本以文字注释的形式与讲解中的视频同步。提供完整的脚本会使学生产生依赖性,对学生听力水平的培养有害无益,相反,完全没有注释的视频对学生的听力水平要求甚高,可能会导致学生有理解上的障碍甚至丧失信心。因此,在以英语为主要交流语言的视频中应适当增加疑难词汇和表达法的注释。注释既可以降低听力材料的难度,又可以辅助学生对教学内容加深理解,同时,也是学生对相关知识在网络上进行检索补充的线索。

2. 课中教学活动组织

第一,网络机房是基于翻转课堂教学模式的大学选修课的必备条件。就学校目前情况而言,要求所有学生进行自带设备(BYOD)的学习是不现实的,故而有一部分学生需要借助学校的网络机房来实现视频的观看,同时,英语作为一门外语成为课堂上的交流媒介对于一部分学生有理解上的障碍,这时候,网络是学生的教师,除了为学生解决语言词汇上的难点外,丰富的网络资源也能够将大量的相关信息提供给学生,拓展学生的视野,同时提高他们的信息素养。

第二,分层次教学目标为基于翻转课堂教学模式的大学选修课顺利实施提供助力。分层次教学目标使课堂中多样的教学活动目的更明确，学生可以有的放矢、由浅入深地进行学习，以布卢姆教育目标分类学为指导的分层次教学目标既保证基本知识的掌握，也可以促进学生更深层次的领会和思考。学生在课堂中可以先行解决记忆和理解层次的目标，之后通过小组讨论、成果展示等方式达到综合运用的目的。其中，记忆/回忆和理解过程多采用是非判断题（给学生提供某一信息，要求学生判断这一信息是否正确）、匹配题（给学生提供两列清单，要求学生将一列清单中的每一个条目与另一列清单中的条目配对）、选择题（给学生提供一个题干和几个备选答案，学生从中挑选正确的或最佳的答案）、填空题（学生根据题目中已有提示填写缺失信息）等题型进行检测。虽然测评任务在形式上有共同之处，但是理解过程的测评强调新信息的出现，即单凭记忆，学生不能够得出正确答案。而综合运用高阶认知过程则需要采用问答、写作、口头报告等需要涉及多层次认知过程的综合性题型进行测评。

第三，个体学习和合作学习相结合是完成课程教学目标的有效方式。对于在校大学生而言，"大学生选课的目的首先是对自己的专业发展有帮助，其次是发展兴趣爱好"。选修课是学生日常教学任务以外的拓展类课程，在繁重的日常教学任务压力下，选修课无法挤占更多的课下时间，课上时间的有效利用就显得尤为重要。在选修课堂上，有明确的教学目标为导向，学生可以自行解决难度较小的教学目标，同时也可以在小组合作互动的过程中完成更高级的教学目标。中国文化课程依照"组内异质、组间同质"原则进行分组，在学生个人学习理解基础上，通过组内交流讨论、组间辩论抗衡、小组代表汇报等方式，以学生为学习主体，教师因人而异进行适当指导，在个体学习与合作学习的基础上，既培养了学生自主学习的能力，也营造了宽松和谐的学习氛围，激发学生的学习潜能，使每个人都得到较快的提高。因此，课堂教学活动中的个体学习和合作学习彼此呼应，缺一不可。

3. 教学评价

第一，随机测评。教师可通过随机测评，迅速了解学生对学习任务的完成情况以及对知识点掌握的程度，并及时发现学生对教学内容的误解并加以纠正，根据不同学生的情况进行有针对性的指导。测评的方式多样，如采用口头提问的方式对学生课前任务的完成情况进行了解，构成实时的形成性评价，对接下来的教学活动组织形成反馈信息。

第二，习题检测。课前学习任务单中针对课前学习内容设计检测习题，通过封闭式的习题检测学生对课前事实性知识点的掌握情况，通过定量评价把握学生课前任务的完成情况。此外，在完成整个章节的学习之后，还将设计针对本章节知识点的检测题，通过学生的检测题成绩，对学生在实验教学中所涉及的知识点掌握情况形成定量的终结性评价。

第三，成果展示。小组协作任务完成后，小组将由代表把成果与其他小组分享展示。由于教学活动中没有一种展示方式适合所有学生，因此在成果展示环节，同时鼓励学生以自己喜欢的方式对小组协作完成的翻译任务成果进行展示，促进学生成就感的提升，将多元化的小组成果展示表现作为对学生学习成果的综合性评价的一部分。

（三）学生自主性的提高措施

1. 认识自主性的提高

教师首先应在新的课程开始前引导学生对英语课程进行总括式的了解，教师可以在新学期开始时通过 PPT 或视频等方式向学生展示本学期所要学习的课程内容以及考核要求等，让学生对该学期的英语课程的要求有所了解，引导学生在对课程要求和课程设置了解的情况下，根据自己英语基础的实际水平，合理地设置学期总学习计划和学习目标。其次，当学生完成总学习计划的制订后，在课程进行的每一阶段，教师应指导学生根据自己的总学习计划制订短期计划，并引导学生认真执行计划。再次，针对学生执行力不足的情况，教师在刚开始阶段可以较多地介入学生的学习计划制订、执行等过程，而随着课程的发展，教师应由高频率的督促逐渐降低对学生的监管，这样的支架式的自我监控能力的培养，让学生从依赖教师督促进行自我监控逐步转变为学生自主地进行自我监控，这样的过渡方式可以有效降低学生的不适应，也能够逐步强化学生自我监控的执行力。

2. 情感自主性的提高

针对基础薄弱和不自信的学生，教师应当尝试减轻学生的心理负担，对这部分学生给予较简单的任务，并在完成任务时及时给予明显的表扬和鼓励，增强学生的自信心，同时对基础薄弱的学生在课堂上给予更多的关注，引导他们去克服遇到的学习困难，从而加强学习的成就感，达到促进学习的目的。同时，教师在课前制作教学视频时，应适当控制学习任务的难度，既不过于简单，让学生觉得没有挑战性，又不过于困难，让学生丧失了学习的兴趣。此外，在课中环节，需要设立一切有竞争机制的活动，以此来激发学生的学习动机与学习热情。

同时，教师应努力促成师生之间、生生之间的交流与互动。在课堂活动中，当学生缺乏开口说英语的勇气时，应该鼓励学生勇于表现，并给予及时的正面的评价，以此来帮助学生建立英语学习的信心。此外在条件允许的情况下，组建班级内的学习互助小组，学习较好的和基础薄弱的同学配对完成学习任务，一方面学习较好的同学可以在帮助他人的时候巩固和检测自己的知识，另一方面互助小组的配对加强了学生之间的交流，基础薄弱的同学不再因为不熟悉而不敢在同学面前张口说英语用英语。在这样的和谐的人际学习氛围下，学生的自主性会得到明显的提升。

3. 行为自主性的提高

首先教师应该使学生了解到能够正确选择和使用学习策略的重要性，教会学生使用恰当的学习策略，让学生可以根据自身情况正确合理地选择对自己有效的学习策略，从而达到优化学习过程的目的。在课前阶段，教师在制作教学视频时，可以通过在新的学习内容中设置提高学习效率的小提示，让学生根据自身情况进行选择使用，课中阶段，鼓励学生采用不同的学习方法对知识进行内化，掌握合适自身的策略并在未来的学习中继续使用。在学生了解到学习策略对自己的学习有所帮助，可以提高自己的学习效率和效果的情况下，学生自然就会主动地选择使用学习策略，从而使行为自主性得到提高。

（四）翻转课堂实施中的不足

虽然翻转课堂在教学过程中获得了广泛的应用，也在一定程度上提高了英语课堂的教学效果。但是，由于我国翻转课堂的应用时间比较短，在实践过程中还存在一定的问题，主要体现在以下几个方面。

1. 短时间内无法起到良好的教学效果

很多教师和学生由于受到传统教学模式的影响，在短时间内翻转课堂的教学效果很难得到发挥，这是因为：首先，大部分的学生由于受到传统教学模式的影响，虽然在课堂中教师给予了学生充分的自由，但是学生对于如何调动自身的积极性依然存在困惑，所以在短时间内很难接受教学模式的转变，因此使得翻转课堂无法获得良好的教学效果。其次，虽然教师在课堂中的角色需要进行转变，但是很多教师在前几次教学过程中采用了翻转课堂的教学模式，在短时间内没有收到良好的教学效果后，就继续使用传统的教学模式，这样无法取得良好的教学效果。最后，学生在考试中的成绩没有得到显著的提高，因此很多教师和学生对翻转课堂存在偏见，认为翻转课堂的教学效果没有传统英语模式的教学效果好，所以对于翻转课堂的教学模式存在一定的排斥心理，因此翻转课堂的教学效果没有达到良好的发挥。

2. 实施还存在一定的困难

翻转课堂虽然取得了一定的成效，但是在实施过程中还存在一定的困难：首先，翻转课堂最先应用在理科课程的教学过程中，取得了一定的成绩后，开始在教学中进行应用。但是，英语属于文科的教学范围，在教学方式和教学内容上都与理科教学有着很大的区别，所以如何将翻转课堂更好地应用到教学过程中还需要不断地研究和完善。其次，翻转课堂的教学模式需要学生具有较高的自制力和主动性，但是目前很多学生的自制能力和主动性还存在一定的不足，学生无法依靠自身的力量发挥翻转课堂的良好效果，所以将翻转课堂应用到教学过程中还存在一定的困难。最后，虽然翻转课堂在很多课程中得到应用，但是其实施的过程和实施步骤方面还存在一定的不足，针对翻转课堂的实施理论还没有完善，所以翻转课堂需要在实践中不断探索和完善，这是一个长期的过程。

3. 缺乏强有力的设备和技术保障

通过以上的分析和论述可知，翻转课堂在实施的过程中需要播放教学视频，但是目前很多学校并不具备这样的教学条件，在教学设备和技术上还缺乏一定的保障：首先，很多学校由于对教学的投入比较少，没有设立专门的语音教室进行英语课程的学习，所以翻转课堂在播放教学视频的过程中还存在一定的不足，严重影响了翻转课堂的顺利实施。其次，很多学校虽然提供了相应的视频播放设备，但是设备的数量非常有限，学生在一个学期中只有很少的课时是利用翻转课堂的教学模式进行的，因此无法发挥翻转课堂的教学效果。最后，很多学校对于翻转课堂的技术支持不够，当教师在讲课过程中遇到问题时，只能依靠自身的能力进行修复，很可能会影响教学的进度，对于教学效果产生不利的影响。

第三节 基于翻转课堂模式的教学方法

合理、科学的教学方法是提高翻转课堂在我国大学教学中应用水平的关键。基于此，本节内容主要概括了翻转课堂教学模式的基础理论、教师角色的转变，以及翻转课堂教学生态的构建策略。

一、研究的必要性及理论

（一）必要性

第一，适应新课改要求，提升学生自主学习、自主管理的能力。大学课程教学要求中指出大学的教学目标是提高学生的英语应用能力，特别是听说能力，使他们在今后的工作和学习中能用英语进行有效的口语和书面的表达。培养学生听说读写译的水平，设计翻转课堂教学模式的教学流程及教学模型，教师通过搜集教学视频，主动参与学生讨论，指导与引导学生学习，来激发学生的学习兴趣、主动探索、交流互助、不断探索和主动参与的能力。学生能够充分发挥主动性、合作性，最终形成积极主动的学习态度与学习习惯。由此看来，翻转课堂教学模式是本科英语教育改革中一种新的教学模式的尝试，也是新课改的可行性途径，为本科教学的改善提供了另一种可能性。

第二，充分体验现代科技所带来的优良资源，促进教育优质化。优良的网络资源是教师和学生学习的丰富资源，在翻转课堂教学模式的教学内容上，教师可以借鉴网络资源来丰富自己的翻转式教学材料，补充自己翻转式教学的内容，让学生不仅获得显性知识，也可以获得隐性知识；在翻转课堂教学模式的教学组织形式上，翻转课堂教学模式不仅需要学生自主和独立，而且还需要学生之间的合作与交流，这样，现代科技所带来的优良资源就会通过教师与学生，学生与学生之间的传递，达到学生思想合作意识的高峰；在翻转课堂教学模式的教学方式上，翻转课堂需要教师作为知识的指导者与参与者，学生作为知识的主导者与消化者。为了使学生达到学习知识的融会贯通的目的，教师与学生要用优良资源来丰富自己的课业内容，达到教育优质化的可能性。现代科技指引翻转课堂教学模式的实施，它作为信息化时代的推动力，将产生出许多优良资源，来促进翻转课堂教学模式在教学上的加速发展。

（二）基于翻转课堂教学模式的理论

1. 掌握学习理论

传统教学理论认为，学生的学习能力应当接近正态分布，即好、中、差学生各占学生总数的1/3，但是布卢姆相信，只要提供适当的学习条件并给予及时有效的指导，所有的孩子都能够学好功课，达到高水平的掌握，并在1968年提出"掌握学习"这一概念。所谓掌握学习，就是在"所有学生都能学好"的思想指导下，以集体教学即班级授课制为基础，辅之以经常、及时的反馈，为学生提供所需的个别化帮助以及所需的额外学习时间，从而使大多数学生达到课程目标所规定的掌握程度。在掌握学习过程中，学生在进入下一阶段学习前，能够在老师或同学的帮助下掌握当前的教学内容。掌握学习并不对教学内容做具体的关注，强调的是掌握某一教学目标的具体过程，它可以是教师对班级的统一教学、一对一的个别指导或学生自定步调的个性化学习，包括教师的直接教学、同学间的合作学习以及学生的独立学习，它要求有明确、详细并且具有内在联系或顺序的教学目标作为基础。

布卢姆乐观地认为：有大约5%的学生有着超强的学习能力，他们在学习某一门课程时比其他学生更加顺利；同时，有大约5%的学生存在学习障碍，他们对于一些基本概念的理解相对比较差，导致无法跟上正常的学习进度；除此之外的90%的学生都能够达到预期的教学目标，他们的差异只是表现在学习速度和所耗费的学习时间的不同。因此，"大部分学得慢的学生显然可以达到与学得快的学生一样的学业成绩水平，尽管学得慢的学生花的时间与得到的帮助比其他人多些，但他们确实像学得快的学生那样成功地达到了某一学业成绩标准"。

掌握学习理论承认学生的学习能力有很大的不同，但这种能力倾向只是预测学习速度的参照，不是以此来确定学生可能达到的学习水平，因此，掌握学习所解决的问题就在于寻找一种有效途径，以此来减少学习较慢的学生所需要花费的学习时间，既考虑到个体差异，又能够促进个体的充分发展。

基于掌握学习理论，翻转课堂教学模式为学生增加了实际的学习时间。在翻转课堂教学模式中，学生在课前有足够的时间通过微课进行基本知识的学习，学生可以根据自己的需求选择观看微课的时间与频率。其次，在翻转课堂教学模式下，教师可以得到准确的反馈信息，从而有针对性地指导教学。通过收集学生学习微课的信息，教师可以掌握课前学生的知识准备情况，设计更有针对性的教学活动。在翻转课堂教学模式下，学生学习自主性得到提升，主体性得到充分体现，通过提升学生学习主动性促进学习态度的转变，从而实现掌握学习。

2. 泛在学习理论

随着计算机技术、网络通信技术的快速发展，先后出现了E-learning（数字化学习）、M-learning学习模式正在发生深刻变革，（移动学习），并在此基础上发展出了U-learning（泛在学习）。

泛在学习（U-learning）是指在泛在计算技术环境支持下的一种无处不在的，学习者根据自己的需求和所处情景积极主动地、随时随地利用易获取的资源来进行的各种学习活动，是数字化学习和移动学习发展到一定阶段催生出的一种学习模式。泛在学习将学习的开放性与灵活性融入日常生活，使学习活动的进行可以不受时间与空间的限制，这让终身学习成为可能，因此泛在学习在近几年受到国内外学者的广泛关注。

多数学者认为泛在学习概念由泛在计算概念衍生而来。1988 年，Mark Weiser 重新审视了计算机与网络应用的发展，他发现那些在使用过程中不可见的东西对人们影响最深、作用最大，并由此提出了"泛在计算"（U-biquitous Computing）这个概念。正如他在《The Computer for the 21st Century》中说道："最深刻的技术是看似消失的，它们融入了每天的生活当中以至于不可分辨了。"在泛在计算概念的基础上，Jones 和 Jo 提出，泛在计算技术在教育中的同化标志着又一个伟大的进步，泛在学习通过泛在计算的概念出现了，泛在计算导致了泛在学习，由此使个人的学习活动嵌入到日常生活之中。

通过梳理对国内外学者的研究成果，泛在学习主要有以下几个特点：第一，泛在性。学习活动的发生是泛在性的，即学习者在任何需要的时候可以不受时间与空间的限制获得学习支持；第二，可获取性。开放的学习环境可让学习者根据需要随时从任何地方获取学习相关资源；第三，交互性。学习者可以在学习过程中与教师、学习同伴甚至专家进行同步或异步的交流；第四，教学行为的情境性。学习被整合在日常生活的各个细节中，自然地为学习者呈现知识与问题，以有助于学习应对特定的问题情境；第五，关注现实问题。泛在学习以学生为本，基于学习者的学习任务与认知目标，以解决学习者在现实中所遇到的问题为核心。

3. 分级教学

美国语言学家克拉申（Krashen）在其语言输入假设中提出的"i+1"理论为分级教学提供了语言学理论依据。这里的"i"表示语言学习者当前的语言知识或能力水平，"1"是指略高于学习者现有水平的语言输入。语言学习者只有在获得可理解性语言输入的基础上才能真正习得语言，语言输入过低或过高都不利于语言习得。克拉申的情感过滤假设还认为，学习者在习得语言的过程中受许多情感因素的影响，这些情感因素会阻碍或加速语言的习得，学习者只有在学习动机强烈、对学习充满信心并且焦虑感弱的情况下才会产生真正的语言习得。大学分级教学将水平（即 i）相当的学生分在同一班级，为他们设定适合他们语言水平和需求的教学目标，体现了因材施教的原则，并能减少学生的学习焦虑感，有利于提高大学教学质量。

4. 生态学理论

"课堂生态学"（ecology of classroom）是由美国教育学者沃勒在《教育社会学》一书中首次提出。20 世纪 70 年代，Lawrence Cremin《公共教育》中提出"教育生态学"（ecology of education）概念。

英语课堂是教师进行教学活动、控制学生的情感因素、协调学生的学习行为和保证语言输入质量的场所。同时，也是师生交流、学生获得可理解语言输入的重要地方。英语课堂生态是指在英语课堂上教师、学生与课堂环境要素之间相互作用、相互影响而构成的有机统一整体。

根据生态学理论，英语课堂如同一个生态系统。不过，它是一个特殊的生态系统，"而具有生态含义的英语课堂教学是由教学主体（教师）和教学受体（学生）共建的具有发展潜能的和谐英语课堂。"课堂教学环境、教师、学生、英语教材和教学方法等生态因子及其相互关系构成不同的英语课堂教学生态。其中，学生是主要的生态因子，其发展在很大程度上要受到其他生态因子的影响。但是要真正把英语课堂作为一个生态系统进行研究，就必须采用系统的观点和方法，即运用生态学的思维去审视课堂，运用生态学的原理和方法去建构课堂以及运用生态学的观点去管理课堂，全面考察课堂内部的构成要素、特点、作用及其相互关系，而绝不能仅仅局限于某一个生态因子或某一方面。

二、教师角色的转换措施及网络辅助工具

（一）角色转换措施

在课堂翻转模式中，有关于高校教师对自身角色进行转变的要求，教师需要将传统模式中以教授为主要方法的主角认知改变为以指导为主要方法的配角认知，且教师还需拥有多种技能，不断提升自身修养，学会在角色改变期间寻求趣味，与此同时，还应能够与学生进行合理沟通，弥补传统教学方式的弊端，体现出翻转课堂教学模式的优势，从而提升教学品质，帮助学生达到自我进步，这就要求教师必须改变自身在教学中所扮演的角色，接下来讨论在翻转课堂中教师的行为标准。

1. 转变教学观念

首先，建立服务学生的认知，给学生创造出一个安适的学习氛围，使其获得自我学习与交流合作的平台与空间，把以教师为中心的模式转换为服务学生的模式，此种观念的改变不仅是促使翻转课堂得以实行的基础，而且是教师由传授者转变为指导者的必要条件。其次，确立新的目标观念。大学技术教育采用的是定向培养的专门化方式，所以，教师不但要给学生教授知识，同时还要帮助学生自我进步，通过讲授多范畴的教学内容，使学生看清自身的兴致与特长，而且要专注于学生的自主提升与自我发展，将学生的提升与发展当作教学工作的目标与核心。最后，改变对教授对象即学生的角色认知。学生不仅仅只是教学中的被动者和直接接收知识的客体，同时也是具有自主判断能力与独具个性的个体，这种在教师教学理念上的改变能够极大地帮助其在实际教学工作中的角色转换。

2. 提升信息技术技能

第一，了解微课、慕课的有关内容，并学会对相关软件的运用，学习制作微视频，再按照不同学科，遵循学生的认知规律，采用恰当的方式传播知识，帮助学生了解与消化。第二，运用信息技术方法来掌握学生课前准备状况。例如，视频任务的完成状况，学会运用信息技术和学生进行互动与讨论。第三，通过现代信息技术方法来充实教学内容与教学

方式，例如，结合视频音像等创作出精良的多媒体课件，以增加课堂的趣味性与直观性以及灵活性。第四，需持续了解并学会新的信息技术方法，提高信息能力，保障翻转课堂的顺利开展。

3. 树立终身学习理念

首先，教师需依据所在的专业和研究的范畴，掌握所教科目知识内容的总体框架，并且做到明白各要点内容间的构造，可以在教学过程中将各种知识有机融合起来，做到触类旁通，闻一知十。其次，从学习内容角度上来看，应注重可用在教学方面的先进信息技术方法以及最新的教学观念改革形势等，除了把握好所传授的专业知识，理工科教师还应不断提高自身人文知识素养，同时人文学科教师也应努力提升自身动手实践技能。最后，从学习习惯角度上出发，教师应具备主动学习与自主思考的优良习惯，做好实际带头作用，先做好需要学生做的，而且无论何时何地都应拥有积极主动的学习与思考的态度，时刻保持神完气足的状态，不断创造学生各种学习情境下应具备的各种条件，在翻转课堂中为教师的角色转换开灯引路。

4. 确立平等对话机制

与传统教学模式比较，翻转课堂传授知识采用的是要求学生课前主动学习教学微视频和在网络上互相交流的方式，所以教师需要做的是激励学生自主学习，与学生平等对话交流，并掌握学生的学习进程，帮助学生进步与提高。教师与学生通过交流和讨论从而加深相互理解，这也是翻转课堂模式发挥出的新功能。在师生的相互交流形式中，想要使俗成的命令式方式转换成良好的平等交谈方式，则需要教师可以做到以下几点。

第一，和其他人要平等对话。平等对话不单单是在教学工作中运用的一种方法，而且为教师与学生进行双向交流沟通与互动提供了一个有效平台。它不只是普通直接的语言交流，更应该是教师与学生的互相借鉴、互相理解与互相吸收，以及共同进步。第二，对话的深入化需要真正意义的对等。这种对等是在身份地位和口吻语气上的对等，教师应该消除优越感，使学生不会在交谈中感觉到谦卑与压迫，而且应理解对方的认识、经历和言论，采用合适的交流方式与内容，将课堂新功能发挥出更大的作用。

（二）网络辅助教学工具

1. 网络教学资源库

网络教学资源库由公共资源库和教师个人资源库组成，公共资源库由系统统一管理，个人资源库由教师管理。教师将个人资源库的资源上传到公共资源库，需要经过管理系统的严格审核，才能正式成为公共资源数据库的内容。教师可以将公共资源库的教学资源下载到个人资源数据库中，也可以将公共资源库中的基础资源按照教学要求进行任意组合，并将结果以电子教案的形式发布给学生，还可以将课件库的各种课件直接发布给学生。这样保证了公共资源库的安全性和教师的个性化管理。网络教学资源库的优点是教师可以为学生提供丰富的学习资源，缺点是无法进行师生交互活动。

2. 网络学习平台

网络学习平台是一个包括网上教学和教学辅导、网上自学、网上师生交流、网上作业、网上测试以及质量评估等多种服务在内的综合教学服务支持系统。它能为学生提供实时和非实时的教学辅导服务，旨在帮助系统管理者与教师掌控各种教学活动与记录学生们的学习情况及进度。教师凭借该系统可以安排各类教学活动与学生的学习过程。例如蓝鸽语言学习平台已经在多家高校中使用，但是目前还未开发出手机客户端，学生只能在 PC 机上使用，无法利用平板或手机使用。

3. 教师个人网络平台

通过 QQ 空间、QQ 群、博客、邮箱、云盘组合成个人网络平台。QQ 空间和 QQ 群的网络工具组合提供了方便的交流平台，也易于上传和下载资料，但是不易于直接观看 PPT、视频或收听音频。利用新浪的博客、微博和微盘使用同一账号登录，三位连成一体，方便上传、下载和阅读文档和 PPT，也可以直接观看或收听音视频，学生可以利用联网手机随时上网进行学习，师生或生生可以通过留言和评论进行交流，学生甚至可以提交作业，但是学生能看到彼此的作业，不具保密性。Baidu 云盘的容量比新浪微盘更大，但是不方便留言或评论。

针对大学翻转课堂教学模式，网络平台最重要的是方便学生按时上网学习，如果不方便上网，一切是空谈。比较以上三种网络平台，拥有手机客户端的网络学习平台最为强大，不仅包含丰富的学习资源，还可以辅助教师点名、师生交流、学生交作业，但是成本高、网络较为拥挤。其次是新浪三位一体的个人网络平台，学生和教师只要有一台能联网的手机，具备开通博客、上传文档、视频和音频等网络基础知识，学生和教师就能随时随地进行学习或者监督学生的学习情况。第二种个人平台在提交作业方面具有一定的局限性——学生能互相看彼此的作业，但考虑到翻转模式提倡在课堂上解决问题，所以足以使用。正如 Kathlean P Fulton 所提出的，翻转课堂要求教师和学生的技术是适合 21 世纪的，只要教师能制作和上传视频、学生能带上手提电脑、平板、智能手机就能做到翻转课堂。

大学学习网络资源包括语言技巧知识、单元主题知识和拓展知识。语言技巧知识和单元主题知识最好设计成 PPT 或微视频的形式，它们具备动画、声音和图片，能直观地呈现教学内容；拓展知识可以寻找相关的视频、音频和电子文档，网络资源丰富，教师可以进行全世界搜索，既能够节约教师的劳动量，又能拓宽学生的视野。

三、翻转课堂教学模式的生态构建

（一）翻转课堂教学模式的生态特点

1. 和谐共生的生态主体

"共生"（symbiosis）是指生态系统中的两种生物或两种生物中的其中一方由于不能

独立生存而共同生活在一起，或其中一方依附于另一方而生活，两者互相依赖，共同获得一定利益的现象。"共生"分为两种：互利共生和偏利共生。"互利共生"是两种生物在共同生存和生活中对彼此的存在和发展都有积极的作用。一个生命体达至的自我实现水平愈高，其进一步的发展就对其他个体的自我实现产生更大的依赖。"偏利共生"是指两种生物在共同生存和生活中只是片面地有利于其中一方的存在和发展，一方的存在和发展会牺牲另一方的利益。翻转课堂的和谐共生指的是教师和学生这两种生态主体的共同存在，在共同合作的过程中得到共同发展。通过两个概念可以看出，师生关系、生生关系、家长和学生的关系共同形成了和谐共生的生态关系。

2. 良好的课堂生态环境

按照教育生态学的阿利氏定律，班级的规模有一定的"度"，超过了一定的耐受度，课堂教学质量和学生的学习体验都会下降，教学效果会大打折扣。从国内外翻转课堂教学实践案例中可以了解到，小班教学比较适合翻转课堂，班级人数不应超过40人，这样才能够保证师生间进行有效的交流。并且，具有英语学习氛围的教室（如墙壁张贴英语国家地图、英语格言、书柜陈列英语书刊和英语报纸、播放英语歌曲等）比没有任何英语元素的普通教室更能激发学生英语学习的兴趣，更快进入英语学习状态。教学设施包括教学用的电脑、投影机、多媒体和网络等，这些设备在英语课堂教学中发挥着不可或缺的作用。

3. 动态平衡教学

从生态系统的角度来看，生态平衡是指能量和物质在传递和反馈上保持相近或相等的状态，多种力量共同起作用来维持生态平衡的状态。当生态系统已经不能够对外界的干扰进行自我调节时，生态系统的结构就会被打乱，造成功能紊乱，进而整个生态系统的平衡被打乱，这种现象就叫作失衡。平衡与失衡也代表了两种存在于生态系统中的不同阶段状态。要想维持生态平衡，需要做的并不是一成不变地使其保有原本的状态，而是在周围外力的作用下，在教学活动不断的开展中，努力达到新的平衡状态。在平衡状态的支撑之下，构建更合理的教学结构，使教学能够发挥更有效的功能，师生在教学中得到更好的生态效益。可以说，生态系统整体及其各组成部分的发展和进化的动力来源于这种曲折的反复过程——从平衡到不平衡再到新平衡。

透过这种生态现象来审视翻转课堂，发现翻转课堂的教学过程也是一个动态平衡的过程。首先，学生在自主学习中初步得到对知识的认知，并发现问题。其次，在课堂上，通过教师对学生的答疑解惑，学生之间多层次的交流对话与合作讨论，学生会出现认知上的差异，继而寻求解决方法，将问题解决，实现对知识的内化，出现暂时的平衡状态。简单来说，翻转课堂的教学过程就是从不平衡到平衡，从暂时的平衡到新平衡的过程，这一过程是说起来容易，做起来很难，发挥起来容易，想在实践中取得成功很难，需要师生之间、生生之间通过课堂上的交互作用达到协调与统一。

4. 多元化教学评价

教学评价是教学过程的重点环节之一，也是监控教学质量的重要手段，能够帮助师生获取有关教与学的反馈信息，指导师生适时适当地调控教与学的行为和策略，并能激发师生教与学的积极性。翻转课堂的评价是多元化的，只有多元化的评价体系才能更好地维持教学生态系统的动态平衡，真正实现学生的生态主体地位。具体体现为这几个方面：教学评价的丰富化、全面化和多元化。

（1）评价主体丰富化

为了更好地实现教学效果，生态学视角下翻转课堂的教学评价主体应该丰富化，教师、学生、学校、家庭等一系列与教学产生密切关系的生态主体都应该积极参与到教学评价中来，各司其职，从自身的认知出发，采取多种角度对教学活动做出公正、全面的评价，其目的只有一个，这一目的就是要提高教师的教学能力，同时还要提高学生的学习水平，完成教师和学生的自我实现。翻转课堂是以教师和学生的共同活动为载体的，所以教师和学生同为教学评价中的主体与客体。教师可以对学生、小组的表现进行评价，学生也可以对其他学生、小组的表现进行评价。这些主体间的评价不是单向的，而是双向的，不是独断的，而是协商的，不是孤立的，而是合作的。师生之间、小组之间是相互尊重、相互理解、相互合作、平等对话的，这确保了评价的客观性和公平性，最终有助于生态主体间学习交往中的共存与发展。

（2）评价内容全面化

翻转课堂中的评价体系，是整个教育教学中的一个重头戏，评价体系完善与否，完全决定了翻转课堂的成功与否。而教师和家长在相互配合中，要推动评价内容全面化的时候，必须注重评价的可行性、科学性、规范性，要将学生的情感、态度、价值观的变化纳入教学评价之中，对学生的课堂参与程度、学习态度、合作能力、语言表达能力、思考能力、创新能力等方面进行有效的评价，用公正的态度、超前的眼光、积极有效的举措去评价，去实现翻转课堂中这一环节的成功。

（3）评价方式多样化

在评价方式上，考试测评作为学校常用的一种评价方式，虽然能够在一定范围内检验出学生对知识掌握的程度，但也不是完全绝对的，它不能反映出学生其他方面的发展变化。教育评价应该以过程性评价为主，不仅要关注学生的学习效果，更要关注学习给他们带来的变化和发展。教学评价手段除了简单的纸笔测验以外，还可以通过日常检查，如课堂观察、口头提问、小组讨论、成果展示等手段来评价。通过课堂观察，可以了解学生的独立思考能力、合作探究及语言表达等能力，在理科课堂上还可以让学生进行课堂小实验，通过其动手操作能力和实践能力来对学生进行评价。

（二）生态构建策略

教学策略对于课堂教学活动效果起着举足轻重的作用，这是有目共睹的。所谓教学策略，就是在一定的教学目标的指导下，确定教学任务和分析学生的特征，然后对教学内容、教学组织形式、教学方法和技术进行针对性选择的教学方法模式。它具有三个特点：综合性、可操作性和灵活性。

1. 倡导"三结合"模式

"三结合"即教师引领与学生主体相结合、个别自主训练与小组活动相结合、语言输入与输出相结合。

教师引领与学生主体的结合是必要的。因为学生是英语学习的主体，学习的任务必须由学习者自己来完成，同时，学习者的知识局限和学习自主性的欠缺需要教师对他们加以引导和监督。对于语言学习者来说，提高语言水平需要通过自身的努力学习，掌握语音、语法和词汇知识等，这是前提。当然，语言知识掌握得好并不意味着语言运用能力很强。

语言运用能力的提高必须通过小组合作互助活动等各种真实或模拟情境的体验和锻炼。认知心理学把知识分为陈述性知识和程序性知识两类。前者是个体能用言语进行直接陈述的知识，主要用来回答事物是什么、为什么和怎么样这类问题的知识，可以用来区分和辨别事物，也叫描述性知识；后者是个体难以直接清楚陈述的知识，主要用来解决做什么以及怎么做这类问题的知识，只能借助某种作业形式间接推测其存在的知识，也叫操作性知识。

从语言学习的内部机制来看，进入认知系统的英语陈述性知识，必须不断地被激活才能达到自动化的程度。也就是说，英语陈述性知识的学习只是语言学习过程的起始阶段。英语程序性知识的获得即对所学语言的自动化运用才是最终目标。在陈述性知识阶段向程序性知识阶段的发展过程中，需要对所学的陈述性知识进行激活、强化，建立起意义与形式的有机联系。建立这种联系的最重要途径之一就是语言输入与输出的结合训练。

2. 支架式教学策略

建构主义学习理论是翻转课堂教学模式的理论基础，也是在构建主义的指导下，进一步推动翻转课堂的应用推广。教师在教学过程中为学生提供指导，学生成为学习过程的中心。自此，教师成了帮助学生建构知识的脚手架。在教师的帮助下，学生便捷地获取学习资源，处理学习信息。教师利用"最近发展区"准备学习资源，将学生带入问题情境，把握好课堂上的时间分配，把更多的时间还给学生，让学生能够在交互合作中实现对知识的内化。在学生完成知识学习后，教师要了解学生对知识的掌握程度，并及时地给予评价与反馈，让学生明白自己的学习状况，也有助于教师适当地调整和修改教学策略，在今后更好地帮助学生学习。

参考文献

[1] 联合国教科文组织国际教育发展委员会. 学会生存——教育世界的今天和明天 [M]. 北京：教育科学出版社，1996.

[2] 孙培青. 中国教育史 [M]. 上海：华东师范大学出版社，2007.

[3] 葛金国，吴玲. 盘点学校 [M]. 福州：福建教育出版社，2001.

[4] 石中英. 教育哲学导论 [M]. 北京：北京师范大学出版社，2002.

[5]（美）杜威. 民主主义与教育 [M]. 王承绪译. 北京：人民教育出版社，2001.

[6] 周昌忠，中国传统文化的现代性转型 [M]. 上海：上海三联书店，2002.

[7] 袁振国. 当代教育学 [M]. 北京：教育科学出版社，2004.

[8] 孙华. 不同认知方式个体的视觉整体优先性研究 [D]. 山东师范大学，2011.

[9] 坚毅. 个体—群体—整体—唯物辩证法范畴立体化之十 [J]. 求实，2002（4）.

[10] 刘晓冬. 儿童文化与儿童教育 [M]. 北京：教育科学出版社，2006：145，149.

[11] 夸美纽斯著. 傅任敢译. 大教学论 [M]. 北京：教育科学出版社，1999：77.

[12]（法）卢梭著. 李平沤，译. 爱弥儿 [M]. 北京：商务印书馆.1978：96.

[13]（意）蒙台梭利著. 任代文主译校. 蒙台梭利幼儿教育科学方法 [M]. 北京：人民教育出版社，1993：339.

[14]（美）玛格丽特·米德著. 曾胡译. 代沟 [M]. 北京：光明日报出版社，1988：42.

[15]（英）怀特海著. 徐汝舟译. 教育的目的 [M]. 北京：生活·读书·新知三联书店，2002：123.

[16] 冯契. 冯契文集：第1卷 [M]. 上海：华东师范大学出版社，1996：50.

[17] 黄书光. 生活世界中的当代德育反思 [J]. 理论探索，2006（2）：5-8.

[18]（奥）胡塞尔著. 张庆熊译. 欧洲科学危机和超验现象学 [M]. 上海：上海译文出版社，1988：5-6.

[19] 林丹. 学校德育实践的合理路径：方法的视角 [J]. 东北师大学报（哲学社会科学版），2015（1）：15-19.

[20] 高德胜. 生活德育简论 [J]. 教育研究与实验，2002（3）：1.

[21] 冯文全. 关于"生活德育"的反思与重构 [J]. 教育研究，2009（11）：92-96.

[22]（法）爱弥尔·涂尔干著. 陈光金等译. 道德教育 [M]. 上海：上海人民出版社，2001：108.

[23] (美) 克里夫·贝克著. 詹万生等译. 学会过美好生活—人的价值世界 [M]. 北京：中央编译出版社，1997：7.

[24] 钟晓琳，朱小蔓. 德育的知识化与德育的生活化：困境及其"精神性"问题 [J]. 课程·教材·教法，2012（5）：97.

[25] (德) 马克思，恩格斯著. 马克思恩格斯全集：第1卷 [M]. 北京：人民出版社，1979：372-373.

[26] 高德胜. 生活德育：境遇、主题与未来 [J]. 教育研究与实验. 2012（3）：5-10.

[27] 冯建军. 当代道德教育的人学论域 [M]. 福州：福建教育出版社，2015：163.

[28] 孙少平，李广，林海亮. 新时期学校德育热点问题研究 [M]. 广州：广东教育出版社，2008:126.

[29] 张澍军. 德育哲学引论 [M]. 北京：中国社会科学出版社，2008：173-174.

[30] 马海南等. 道德教育新论 [M]. 北京：中国社会出版社，2009:9.

[31] 鲁洁，王逢贤. 德育新论 [M]. 南京：江苏教育出版社，2002:156-168.

[32] 班华. 现代德育论 [M]. 合肥：安徽人民出版社，2001:148-149.

[33] 詹万生. 德育新论 [M]. 北京：首都师范大学出版社，1996:62.

[34] 詹万生. 整体构建德育体系研究论文集 [C]. 北京：教育科学出版社，2001：535-538.

[35] 张启哲. 道德底线教育略论 [J]. 陕西教育学院学报，2004:（3）.

[36] 袁振国，朱永新. 试谈个体政治社会化的意义及过程 [J]. 社会学研究，1988，（1）.

[37] (美) 加布里埃尔·A·阿尔德蒙（著）. 马殿君等译. 公民文化——五国的政治态度和民主 [M]. 杭州：浙江人民出版社，1989.

[38] 丛日云. 西方政治文化传统 [M]. 哈尔滨：黑龙江人民出版社，2002.

[39] 王惠岩. 当代政治学基本理论 [M]. 天津：天津人民出版社，1998.

[40] 黄月细. 民主政治视域下的公民政治素质及其培育 [M]. 广州：广东人民出版社，2011.

[41] 邱伟光，张耀灿. 思想政治教育学原理 [M]. 北京：高等教育出版社，1999.

[42] 唐克军. 为民主生活做准备——西方学校公民教育探析 [J]. 外国教育研究，2004，（2）.

后 记

本书由孙建柱、陈娇、高赟任主编，李碧云、张媛丽、曾静、金沈珏、张志健、邱志洪、王德国担任副主编，郭银波、赵斌、张维静、杜喜兰、杨若兰、周媛、韦美玲、张玉阔、张瑜玲、姜元军担任编委，具体分工如下：

孙建柱（良庄镇中心小学），负责第三、四、五章内容编写，共计 10 万字符；

陈娇（重庆工商职业学院（重庆广播电视大学）），负责第一、二、六章内容编写，共计 8 万字符；

高赟（内蒙古阿拉善盟职业技术学），负责第七、八章内容编写，共计 6 万字符；

李碧云（云南省玉溪市民族中学），负责第九章内容编写，共计 3 万字符；

周雅敏（苏州经贸职业技术学院），负责第十章内容编写，共计 3 万字符；

张媛丽（重庆通信学院人文教研室），负责第十一章内容编写，共计 3 万字符；

曾静（凤冈县第二小学），负责第十二章内容编写，共计 3 万字符。